这是一片神奇的土地

自古以来

就是我国南北交通与文化交流的重要区域

文化底蕴十分丰厚……

湖北省南水北调工程
重要考古发现 III

编辑委员会

主　任：

　　张　通

副主任：

　　杜建国

编　委：

　　汪元良　　沈海宁　　彭承波

　　宫汉桥　　黎朝斌　　齐耀华

　　邢　光　　王风竹　　李　勇

　　包东波　　孟华平

总　编：

　　沈海宁

副总编：

　　黎朝斌　　王风竹

策　划：

　　杜　杰

编　辑：

　　杜　杰　　张　君

湖北省南水北调工程
重要考古发现 Ⅲ

◉ 湖北省文物局 主编

文物出版社

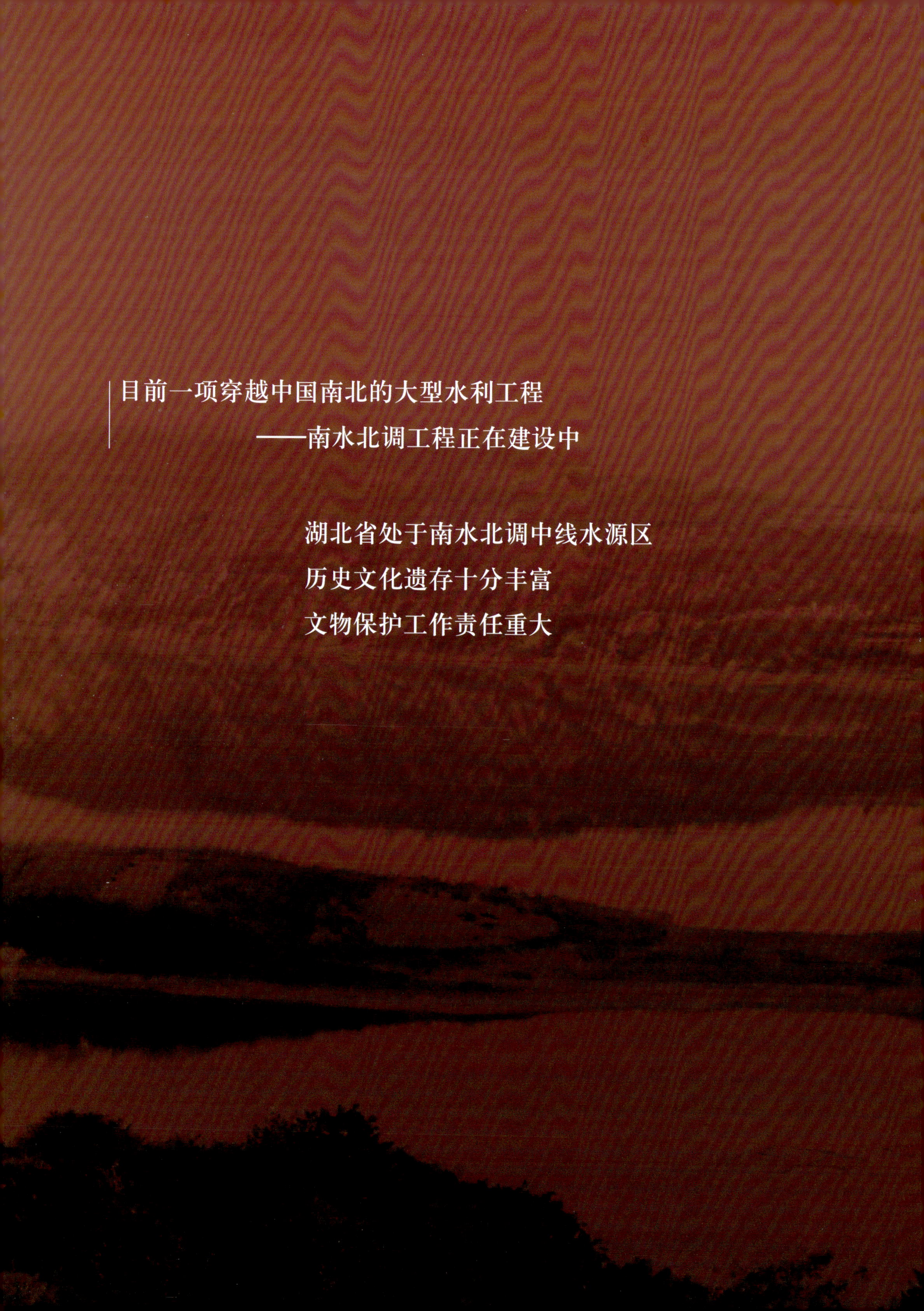

目前一项穿越中国南北的大型水利工程
——南水北调工程正在建设中

湖北省处于南水北调中线水源区
历史文化遗存十分丰富
文物保护工作责任重大

　　南水北调工程总体规划为东线、中线和西线三条调水线路。通过三条调水线路与长江、黄河、淮河和海河四大江河的联系，构成"四横三纵"为主体的总体布局，以实现我国水资源南北调配、东西互济的配置格局。由于该工程要穿越一些重要的历史文化区域，所以南水北调工程在建设中，采取文物保护先行的做法，以使工程区域内的文物得到全面保护。

调水示意线

　　湖北省地处长江中游，因在洞庭湖以北而得名，地理坐标为东经108°21′～116°07′，北纬29°01′～33°16′。东连安徽，南界湖南、江西，西部与重庆市接壤，北接河南，西北和陕西毗邻，国土面积约18.59万平方公里，约占全国国土总面积的1.94%。

　　湖北地貌以山地丘陵为主，分为平原、岗地、丘陵、山地四种类型。全省地处北亚热带和中亚热带北段，北部接近我国北亚热带的北界，南跨越中亚热带的北界。处于我国东部季风气候区，属典型的亚热带季风气候，降水充沛，属于湿润带，局部地区甚至属于多雨地带，因而河流水源补给充足，境内以长江、汉江为骨干，接纳了省内千余条中小河流。长江从重庆巫山县入境，横贯全省，至黄梅县出境，长达1061公里。汉江自陕西蜀河口入境，由西北向东南斜贯省内，于汉口汇入长江，长878公里，是湖北第二大河流。

目 录

湖北省南水北调工程文物保护工作大事记 (2009～2010年)

前　言

在成功出版《湖北省南水北调工程重要考古发现》（Ⅰ、Ⅱ）的基础上，我们遴选我省南水北调工程丹江口水库淹没区19处考古发掘项目编辑成册，以飨读者。

果茶场Ⅱ号旧石器点出土的石质手斧，是继丹江口双树、龙口、郧县尖滩坪等旧石器地点之后，我省再次出土同类生产工具；余嘴Ⅱ号旧石器点发现的石器制造场及大量的石制品，进一步丰富了该地区旧石器时代实物资料；肖沟旧石器地点发现一处人类活动面与石器制造场，成为复原和研究当时活动行为的重要参考依据。这些材料，对于直立人与早期智人的心智发展水平研究具有重要意义，同时小石器工业传统反映出旧石器时代晚期环境变化和文化交流。

郧县郭家院遗址是一处新石器时代聚落，遗址东部发现的作为防御设施的环壕，在鄂西北地区尚属首次发现，清理出房基16个、灰沟5条、灰坑18个，为研究鄂西北地区史前聚落形态的演变和通过聚落探讨社会组织结构提供了一个非常理想的个案；郧县刘湾遗址清理出121个灰坑、37座墓葬等仰韶时期遗存；郧县青龙泉遗址清理出仰韶、屈家岭时期的灰坑、祭祀坑、奠基坑和墓葬；张湾区双坟店遗址清理出石家河文化时期大型长方形排房建筑遗迹。这些遗存进一步丰富了我省丹江口水库淹没区新石器时代文化内涵，为研究汉江中游新石器时代的区域性文化、黄河和长江流域的文化交流提供了重要的考古实物资料。

在郧县辽瓦店子遗址入选"2007年度全国十大考古新发现"之后，湖北省文物局委托湖北省文物考古研究所、武汉大学继续对该遗址进行了抢救发掘，清理出一批新石器、夏、商、东周以及隋唐时期遗存，其中以东周时期遗存最为丰富。在遗址西区发现东周时期灰坑208个、房址12座、窖穴4座、水井9口，从文化面貌来看属典型楚文化遗存，为楚文化研究提供了丰富的实物材料。

郧县龙门堂遗址的进一步发掘，不仅明确了汉代院落墙体的走向与布局，而且清理出房址、墓葬（婴幼儿墓葬）、水井等汉代遗存；丹江口莲花池墓群、蒿口墓群、龙口林场墓群、金陂墓群等均清理出大量汉、唐、宋、明、清墓葬，为该地区文化交流与融合、丧葬习俗沿革的研究提供了有力的实证。

随着我省南水北调工程考古工作的不断深入，这些考古发掘项目的后续整理、研究工作也取得阶段性成果，其中部分考古报告（简报）已在《考古》、《江汉考古》等著名期刊上发表，与此同时，部分考古发掘项目的专题报告或报告集也即将与读者见面。我们相信，随着这些最新考古发掘成果的不断公布，对有关学术热点问题的研究也将迈上新的台阶。

编　者

二〇一二年十月九日

南水北调中线工程湖北丹

郧西县

郧县

庹家湾遗址
乔家院墓群
三官殿遗址
尚家河遗址
中台子遗址
熊家台墓群
张家坪遗址
上宝盖遗址
鲍家河遗址
小石沟遗址
弥陀寺遗址
曲远河口旧石器点
归仙河遗址
刘家洼遗址
后房旧石器点
花栎湾墓群
店子河遗址
三浪滩遗址
大坪遗址
前房遗址
吴家河遗址
斜窝河遗址
方滩遗址
滴水岩哺乳动物化石点
黄家坪旧石器点
秦家沟旧石器点
韩家洲旧石器点
韩家洲墓群点
孙家湾遗址
水磨沟遗址
鲤鱼嘴遗址
刘家湾遗址
龚家岗墓群
白鹤观遗址
黄家湾遗址
辽瓦店子遗址
2007年全国十大考古新发现
十堰市
大寺遗址
土埂坡墓群
瞿家湾遗址
杨家岗遗址
徐家坪墓群
响河旧石器点
青龙泉遗址
杨溪辅遗址
刘湾1号旧石器点
刘湾遗址地点
老幸福院墓群
郧阳一中墓群
李泰家族墓群
小西关遗址
沈家坎遗址
三门店子遗址
黄家窝旧石器点
刘湾2号旧石器点
胡家口

沉滩河旧石器点
徐家湾村旧石器点
沉滩河遗址
高家坪遗址
焦家院墓群
大东湾遗址
双坟店遗址
犟河口遗址

张湾区

红

省

地级市
未发掘文物点
已发
水地

江口库区文物点分布图

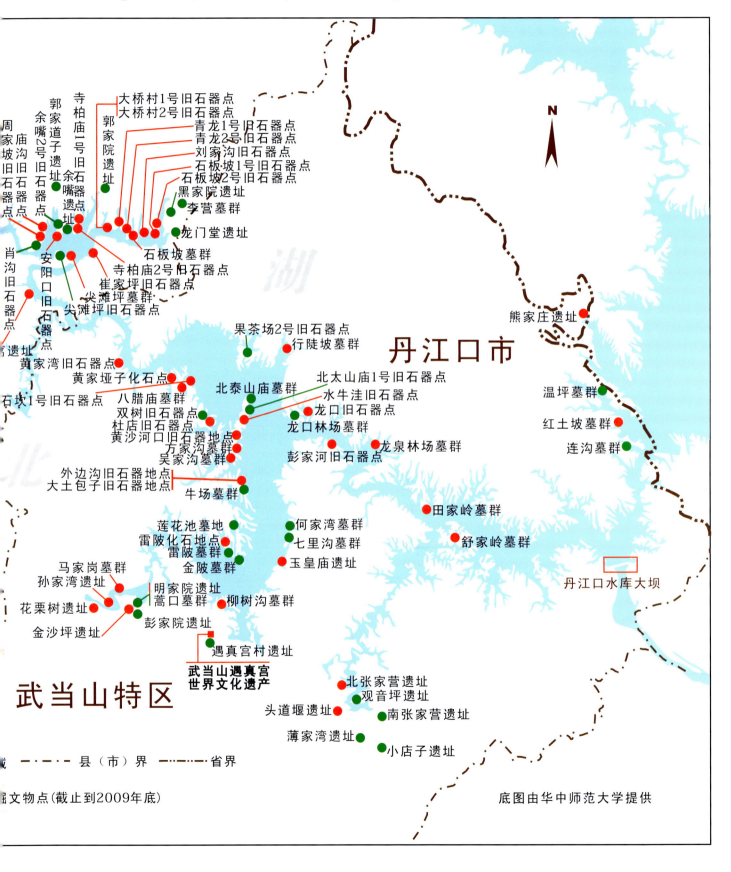

周家坡旧石器点
庙沟旧石器点
余嘴2号旧石器点
郭家道子遗址
寺柏庙一号旧石器点
余嘴石器遗址
郭家院遗址
大桥村1号旧石器点
大桥村2号旧石器点
青龙1号旧石器点
青龙2号旧石器点
刘家沟旧石器点
石板坡1号旧石器点
石板坡2号旧石器点
黑家院遗址
李营墓群
龙门堂遗址
石板坡墓群
寺柏庙2号旧石器点
崔家坪旧石器点
尖滩坪墓群
尖滩坪旧石器点
肖沟旧石器点
安阳口旧石器点

果茶场2号旧石器点
行陡坡墓群

丹江口市

熊家庄遗址

温坪墓群

黄家湾旧石器点
黄家垭子化石点
八腊庙墓群
双树旧石器点
杜店旧石器点
黄沙河口旧石器地点
方家沟墓群
吴家沟墓群
外边沟旧石器地点
大土包子旧石器地点
牛场墓群

北泰山庙墓群
北太山庙1号旧石器点
水牛洼旧石器点
龙口旧石器点
龙口林场墓群
龙泉林场墓群
彭家河旧石器点

红土坡墓群
连沟墓群

石坎1号旧石器点

田家岭墓群
舒家岭墓群

莲花池墓地
雷陂化石地点
雷陂墓群
金陂墓群

何家湾墓群
七里沟墓群
玉皇庙遗址

丹江口水库大坝

马家岗墓群
孙家湾遗址
花栗树遗址
金沙坪遗址
明家院遗址
蒿口墓群
彭家院遗址
柳树沟墓群

遇真宫村遗址

**武当山遇真宫
世界文化遗产**

武当山特区

北张家营遗址
观音坪遗址
头道堰遗址
南张家营遗址
薄家湾遗址
小店子遗址

县（市）界　　　省界

文物点（截止到2009年底）　　　　　　　底图由华中师范大学提供

丹江口市

丹江口市地处汉江中上游，位于十堰市东南部，是汉江平原与秦巴山区的结合部，境内有丹江口水库。汉江自西北向东南横贯，将市区自然划分为江南、江北两个区域，长约105公里。全市国土面积3121平方公里。

根据南水北调工程文物保护总规划，丹江口市共涉及文物点59处；其中地下文物点49处，涉及普探面积161.3万平方米，重探面积1.5万平方米，发掘面积17万平方米；地面文物点10处，涉及建筑面积9183平方米。

丹江口果茶场 II 号旧石器点

◎ 中国科学院古脊椎动物与古人类研究所

遗址远景

果茶场 II 号旧石器点，位于汉水左岸三级阶地，行政上隶属丹江口市习家店镇蔡家渡果园场，地理坐标东经111°08′13″北纬32°42′30″。遗址地质时代为中更新世，考古年代为旧石器时代早期。2004年10月19日中国科学院古脊椎动物与古人类研究所南水北调考古队在文物复查工作中发现。当时发现6件文化遗物，包括石核、石片和砍砸器。

2009年4～5月，受湖北省文物局委托，中国科学院古脊椎动物与古人类研究所南水

遗址远景

发掘探方

北调考古队，在十堰市文物局以及丹江口市文体局的协作下，对果茶场Ⅱ号旧石器时代遗址进行了抢救性考古发掘，出土了一批重要文物，取得了重要的考古收获。

为了保证科学、全面地提取遗址的考古资料与信息，考古队制定了详细的发掘计划和野外工作规章制度，而且在队伍人员组成、业务分工等方面都做了具体而细致的安排。发掘领队一直坚守在考古工地，指导工作，及时解决发现的问题。

通过野外考察，确定重点发掘区域，清理地表杂草后，选择沿地形走势布设了20个5米×5米的探方，从南向北、从西向东依次顺序编号。为进行综合研究，在遗址北面布方1个，进行考古发掘，清理剖面了解地层，并进行测年及环境信息的样品采集。

调查采集标本

发掘过程中严格按照田野考古操作规程，并结合旧石器考古发掘的特点，收集探方内出土的所有标本，对出土标本的地层位置、三维坐标、保存状况进行记录、绘图，并进行数码照片、彩色负片、彩色正片、黑白照片的拍摄和录像工作。

考古发掘发现石制品150件，其中包括备料、石核、人工石块、石片、石屑、手斧、手镐、砍砸器、刮削器和石锤等。加工重型石器的素材主要是硕大的河卵石，其岩性主

遗址发掘

测量标本的坐标

对石制品录像

对遗址全貌录像

观察地层进行样品的采集与分析

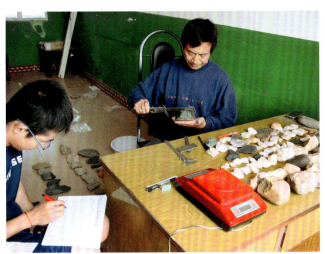

测量标本

整理资料

要为硅质灰岩、石英岩和砂岩等。加工轻型工具的素材主要为石片，其岩性主要是脉石英。该遗址石制品的打片技术主要采用锤击法，偶尔使用砸击法。锤击交互方式打片和锤击交互加工石器是这一时期旧石器工业加工的特点。石器第二步加工比较粗糙，但器形比较规整。绝大多数的石制品都保留有砾石面。这些特征与汉水流域旧石器时代早期的文化特征很相似，属我国南方砾石工业传统。

此次发掘值得关注的是在汉水左岸的果茶场Ⅱ号旧石器点，从地层发现手斧。有的残手斧可拼合成完整的手斧。这是继丹江库区双树和杜店旧石器遗址考古发掘发现手斧后，又一次新的重要发现。手斧是一类用结核、粗砾石或大石块两面打制的重型工具，呈梨形、椭圆形或三角形，一端尖薄，一端宽厚，并且有一定的打制程序，故被称为人类最早的标准化工具。手斧工具在研究旧石器文化方面具有很高的学术价值，被学者们认为是研究直立人与早期智人的计划性、认

HB—DJ—GCCII100石屑出土情况

HB—DJ—GCCII97砍砸器出土情况

HB-DJ-GCCII47手斧出土情况

T18出土的石制品

T18出土石制品的分布

知性、心智发育水平的特殊石器类型。这些标本可与非洲、欧洲和亚洲其他地区旧石器文化进行对比研究。

此外，在T18探方发掘中，发现有反映人类行为活动的遗迹和遗物。发现人类加工石器的遗物，其中包括石核、人工石块、石片、石屑、刮削器和石锤等，有的标本可以拼合。石屑数量比较多，最小的重量仅为0.05克。在遗址中有6件石制品可以拼合为三组。这些信息说明遗址为原地埋藏，是一处旷野遗址，是人类临时加工生产工具与活动的场所。

果茶场Ⅱ号旧石器点的抢救性发掘，说明丹江口库区是我国旧石器文化遗物的富集区，也是我国发现手斧集中的地区之一。汉水流域旧石器地点的不断发现，进一步表明旧石器时代的古人类在汉水流域活动频繁，也说明汉水流域的环境适合古人类生活。这些新的发现，对于研究我国南、北旧石器时代文化与中西方旧石器文化的对比研究提供了新的重要资料，对研究汉水流域旧石器文化的发展、演变以及人类生存行为模式等，都具有重要的学术意义。

撰稿：李超荣　李　浩　许　勇

摄影：李超荣

石英长石片（HB-DJ-GCCⅡ 141、137、140）

凝灰岩手斧（HB-DJ-GCCⅡ 47）四个面

石英刮削器（HB-DJ-GCCⅡ 117、39、1、24、142、61）

石英岩手斧（HB-DJ-GCCⅡ 15）四个面

手斧（HB-DJ-GCCⅡ 77、47、15）（左与中凝灰岩；右石英岩）

石制品的拼合（左：石英HB-DJ-GCCⅡ 101、102的拼合，HB-DJ-GCCⅡ 132A、132B的拼合，右：凝灰岩HB-DJ-GCCⅡ 46、47的拼合）

丹江口龙口林场墓群万家沟墓地（2009年发掘）

◎ 成都文物考古研究所

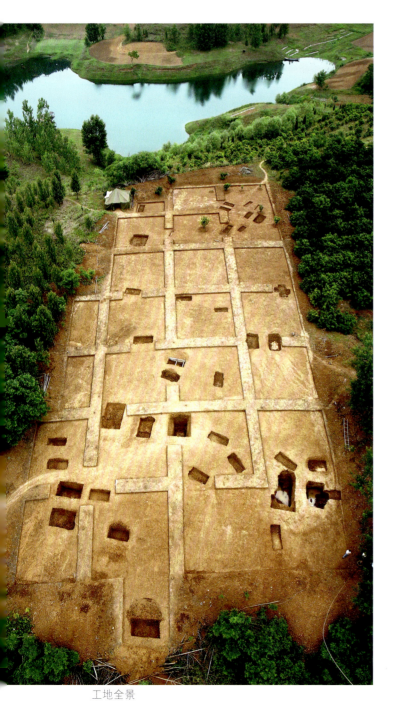

工地全景

　　万家沟墓地位于丹江口市习家店镇龙口村二组，丹江口水库的北岸，地理坐标东经111°11′40″，北纬32°39′50″，高程146～170米。墓地西隔湖与均县镇相对，地势较缓，湖汊短而宽。1994年，中国社会科学院考古研究所与丹江口市博物馆调查发现有汉至明清时期墓葬。2004年2月，南水北调中线工程丹江口水库淹没区湖北省文物保护规划组复查。受湖北省文物局委托，2008年，宁波市文物考古研究所对万家沟墓地发掘4000平方米。2009年3月17日～2009年6月15日，成都文物考古研究所对万家沟墓地进行了第二次发掘。勘探面积20000平方米，发掘面积3000平方米，共发掘46座墓葬。

　　万家沟墓地的地层堆积情况较为简单，绝大部分区域表土之下即为生土。表土层为灰褐色黏土，厚约15～20厘米，结构较疏松，墓葬基本开口于该层之下。生土层为红褐色或浅黄褐色黏土，结构较为紧密。

　　在万家沟墓地本次发掘区内46座墓葬中4座为明清时期的墓葬，其余42座为战国晚期至西汉早期的墓葬，其中战国时期墓葬29座，西汉墓葬13座。形制主要可分为竖穴、竖穴土坑木椁墓。从墓葬的规模大小来看，木椁墓明显有大小之分，而土坑墓则无明显区别。共出土了90余件随葬器物，可分为战国和汉代两个时期。战国时期遗物较少，均为陶器，种类有鼎、盂、罐、壶、敦、豆等。汉代遗物按质地可分为铜、铁、陶、玉等，其中铜器有盆、带钩等。铁器为釜。陶器种类有鼎、壶、罐、盆、甗、钵等。其他质地的遗物还有玉玲等。陶器的质地战国时期多为夹砂陶器，汉代为泥质灰陶器。

29座战国时期墓葬的形制均为长方形竖穴土坑墓，开口大小相近，长2～2.5、宽0.8～1.2、深0.3～2.6米。方向无规律，多为两墓成组。随葬器物较少，大部分墓被破坏至近底部。

M13，墓向250°，长方形土坑竖穴墓。墓口规整，长约2.25、宽约1.5米。墓口距地表深约0.2米，墓室残深约0.56～0.84米，

发掘现场东部墓葬分布情况（西—东）

发掘现场西部墓葬分布情况（西—东）

利用高空热气球拍摄全景（东—西）

直壁，平底。墓内填土为夹杂有黄褐土及红褐土的五花土。葬具已朽，仅存有棺、椁痕迹。据痕迹，椁室长2.2、宽0.9、残高0.1米。棺长约1.9、宽约0.6、残高约0.1米。人骨保存差，仰身直肢葬。随葬器物放置于椁室的西部，共有陶器3件，鬲1件、盂1件、罐1件。

M17，墓向260°，长方形土坑竖穴墓。墓口规整，长约2.46、宽约1.5米。墓口距地表深约0.2米，墓室残深约0.7～0.86米，直壁，平底。墓内填土为夹杂有黄褐土及红褐土的五花土。葬具已朽，仅存有棺、椁痕迹。据痕迹，椁室长2.34、宽0.92、残高0.1米。棺长约1.88、宽约0.5、残高约0.1米。人骨保存差。随葬器物放置于椁室的西部，共有陶器3件，敦1件、盖鼎1件、盖壶1件。

13座西汉墓葬的形制均为长主形竖穴土坑木椁墓，开口尺寸相近，长2.8～3.2、宽1.5～1.8、深2.2～5米。墓向多为东西向，呈南北向排列分布。出土器物以鼎、盒、壶为主要器物组合，墓葬时代均为西汉早期。

M22，墓向260°，长方形土坑竖穴墓。墓口规整，长约3、宽约2米。墓口距地表深约0.2米，墓室残深约2.74～3米，直壁，平底。墓内填土为夹杂有黄褐土及红褐土的五花土。葬具已朽，仅存有棺痕迹。据痕迹，棺长约2.1、宽约0.6、残高约0.1米。人骨保存好，仰身直肢葬。随葬器物置于墓葬的东部，也是棺的头部。共出土随葬器物9件，其中陶器7件，壶2件、鼎2件、罍1件、瓿1件、罐1件；铜器2件，带钩1件、铜钵1件。

战国M5与M6成组情况（西—东）

战国陶罐（M13：3）

战国M13发掘完成后情况（北—南）

　　M26，墓向85°，长方形土坑竖穴墓。墓口规整，长约3、宽约1.8～2米。墓口距地表深约0.2米，墓室残深约2.5～2.9米，直壁，平底，但东壁和西壁受挤压略呈弧形。墓内填土为夹杂有黄褐土及红褐土的花土，土中夹有白膏泥。底部距东壁、西壁0.25米、0.4米处各有一道小槽，呈南北向，宽分别为0.3、0.25米，深约0.05～0.1米。葬具已朽，仅存有棺痕。据痕迹，棺长约1.9、宽约0.5～0.65米，残高约0.1米。人骨保存较好，仰身直肢葬。手中和嘴中有小玉片。墓坑西南角有一编织痕迹，长约1、宽约0.8米，底部有红彩。墓坑西北角残存有随葬的动物骨骼。随葬器物共6件，铁釜1件、铁鼎1件；陶甑1件、陶釜1件、陶罐1件；玉器残片1件。

战国M17发掘完成后情况（南—北）

战国陶壶（M17：3）

战国M13与M17成组情况（西—东）

战国陶敦（M17：1）

战国陶鬲（M27：3）

战国陶壶（M27：2）

战国陶盂（M27：1）

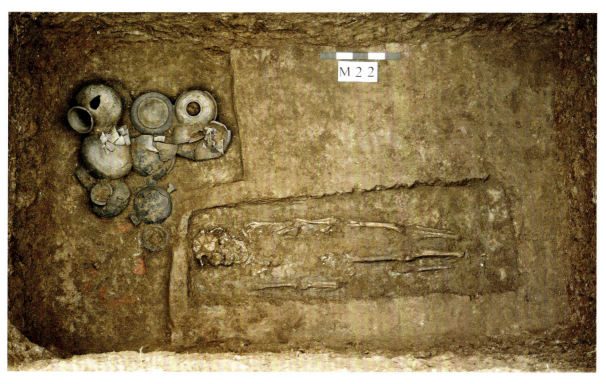

西汉M22发掘完成后情况（南—北）

西汉铜带钩（M22：9）

西汉陶瓿（M22：7）

西汉陶罐（M22：6）

西汉陶鼎（M22：4）

西汉陶壶（M22：2）

西汉陶瓿（M23：4）

西汉M26发掘完成后情况（北—南）

西汉陶罐（M26：5）

西汉铁鼎（M26：2）

西汉陶盒（M30：3）

西汉铜镜（M37：1）

西汉陶罐（M40：7）

西汉铜洗（M41：1）

西汉M42发掘完成后情况（北—南）

西汉陶瓿（M42：9）　　　　西汉陶鼎（M43：3）　　　　西汉陶壶（M43：2）

西汉陶壶（M44：7）

M44发掘完成情况（南—北）

西汉陶瓿（M46：7）

M46发掘完成情况（南—北）

　　M44，墓向90°，长方形土坑竖穴墓。墓口规整，长约3、宽约1.4米。墓口直接暴露于地表，墓室残深约0.7～1.15米，直壁，平底。墓内填土为夹杂有黄褐土及红褐土的花土。土中夹有白膏泥。葬具已朽，仅存有棺室、椁室痕。据痕迹，椁室长2.8、宽1.2、残高0.1米。椁室西北角向内变形较多。棺长约2.15、宽约0.6、残高约0.1米。人骨保存较差。随葬器物置于椁室内西部，共9件。陶器8件，盖壶2件、盖盒1件、盖鼎2件、罐2件、瓿1件；铁釜1件。

　　这次龙口林场墓群万家沟墓地的发掘，出土了较为丰富的随葬器物，这为研究鄂西北战国至两汉时期的历史提供了较为丰富的实物资料。墓葬虽然数量多但打破关系却很少见，墓葬的排列和分布的规律视时空的变化而有迹可寻。这也促使我们在接下来的发掘和研究工作中更要注意相关的问题，而不是仅仅局限于墓葬本身的发掘和随葬器物的分期研究。

　　万家沟墓地处于汉江左岸的台地上，在其西北部，即汉江右岸的台地上还有北泰山庙古墓群。两处墓群的中部即为古均州所在。古均州是一座有2000多年建制的古城，据《均州志》记载"战国属楚谓之均陵，后属韩"，在秦汉时又属南阳和汉中二郡，是秦文化和楚文化相互争夺的重要地区。争霸战争促进了民族融合，万家沟墓地战国时期墓葬在墓葬形制、随葬器物上表现出的地方特色和强烈的楚文化风格正是这一历史过程的反映。两汉时期的墓葬则反映了墓葬严格的等级制度已趋瓦解，私人财富逐渐积累，社会政局较为安定，社会经济逐渐繁荣等历史内涵。从本次对龙口林场墓群万家沟墓地中发掘的自战国到西汉时期的墓葬出土的随葬器物中，可以看到这一地区不同时代的社会风尚、生产力和手工业水平，也可以看到该地区独特的文化特征和相邻地域不同文化相互交流与影响。这对研究鄂西北地区的古代历史、社会制度以及与周边地区的文化交流、文化传播等都具有重要的意义。

撰稿：谢　涛　陈云洪

摄影：谢　涛

丹江口莲花池墓地（2009年发掘）

◉ 北京市文物研究所

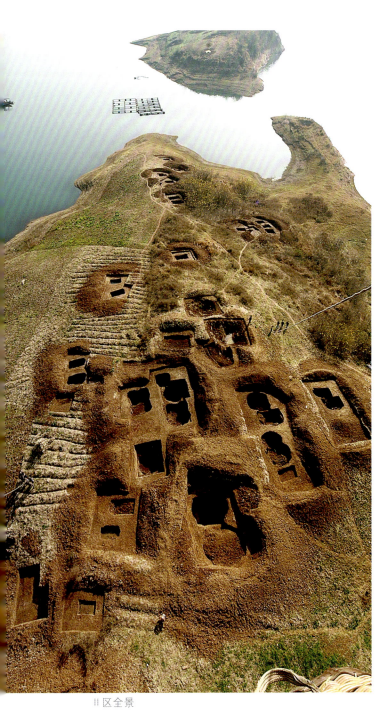

Ⅱ区全景

2009年10～12月，受省文物局委托，北京市文物研究所对丹江口莲花池墓地进行了第二次考古发掘。莲花池墓地地形主要为三个相连的小山包阳坡。三个小山包位于水库的西岸，北、西、南三个山包分为三个相对独立的发掘区。2006年对北部山包（Ⅰ区）进行了发掘，2009年对西部（Ⅱ区）和南部（Ⅲ区）进行了发掘。发掘区地层堆积较为简单，耕土层下即为生土。古墓葬皆为竖穴土坑墓。墓葬时代分为战国晚期、西汉墓和明清墓。其中西汉墓最多，战国墓较少，明清墓次之。

Ⅱ区发掘墓葬55座，其中战国墓2座，西汉墓51座，清代墓2座。出土可修复文物242件，其中陶器218件，铜器9件，铁器12件，石器2件，骨器1件。

战国晚期墓葬共2座。M52和M49。M49，竖穴土洞墓，墓道位于墓室南端，墓道呈口大底小。墓口最大4.68米×3.53米，墓底3.06米×1.74米，深3.3米。墓坑内填土由黑褐土、黄褐土、灰黏土三种组成，前两种土质3米以上常见，土质黏硬，包含有少量的石英石和卵石；灰黏土一般3米以下才出现，近似高岭土，土质湿、软，较黏，像常说的青膏泥。墓坑内填土较硬，可能经过夯打，填土内包含有少量的石英石和卵石。葬

山区全景

发掘现场

发掘现场

雪天发掘工作驻地场景

具均保存较差，仅见棺椁木腐朽成的灰色朽痕，从残存的迹象可以看出为一椁一棺，椁痕形状呈"Ⅱ"字形。均为单人葬，骨架腐朽成沫状，从形状可辨出葬式为仰身直肢，头向北。随葬品以陶器为主，器物多放置在头顶部的棺椁之间，个别则放置在棺椁之间一侧。出土器物组合为罐、鼎、敦、壶、豆、杯、匜。

西汉墓52座，分布在Ⅱ区的整条山梁上，均未发现封土。均为竖穴土坑墓，多为南北向，开口于耕土层下。口大底小，斜壁者居首，有少数墓口与底同大，还有的竖穴土坑带生土二层台。墓口最大4米×2.9米，深3.3米；小者2.3米×1.3米，深1.2米。葬具绝大多数仅存棺椁木腐朽后的黑色或青灰色灰痕，从腐朽残存痕迹可辨出一椁一棺和单棺两种葬

Ⅱ区战国M49竖穴墓道土洞室

Ⅱ区战国陶敦（M49：6）

Ⅱ区战国陶鼎（M49：7）

Ⅱ区西汉M1

Ⅱ区西汉铜带钩（M1∶1）

具，榫痕形状呈"Ⅱ"形和长方形。均为单人葬，骨架保存一般，可以看出直肢葬多于屈肢葬。随葬器物均放置在椁棺之间，无椁的置于棺外，在人头骨顶部或头骨边。根据墓葬形状结构分口大底小竖穴土坑、口底同大竖穴土坑、生土二层台竖穴土坑墓三类。

出土随葬器物有陶、铜、铁器。陶器以泥质灰陶为主，也有极个别红陶。器物纹饰绝大多数以绳纹为主，双耳罐上腹一般有数道抹压纹，陶盂、壶、盒装饰凹凸弦纹。器物制作方法以手制、轮制相结合。器形有陶壶、双耳罐、釜、豆、鍪、盒等，铜带钩，铁鼎。主要为日用陶器，大部分陶釜底部有烟熏黑迹，各墓出土器物均不多，但组合方式较为复杂。随葬器依据出土墓葬的不同，基本组合有：罐、盂；罐、鍪、盂；罐、鍪、盂、壶；罐、釜、盂、壶；罐、釜、盂、盒；壶、盂；壶、釜、盂、豆；壶、釜、盂；鼎、壶、罐、盒；鼎、壶、罐、盒、鍪、釜甑；鼎、盒、甑、灶。

清代墓葬2座，未发现封土。为竖穴土坑单棺单人，仅见铜钱。

Ⅲ区发掘西汉墓22座，形制基本同于Ⅱ区汉墓，出土可修复文物133件，其中陶器126件，铜器4件，铁器2件，石器1件。器物以鼎、壶、盒、

II区西汉M14

II区西汉M19

II区西汉M29

II区西汉M30

II区西汉M31

II区西汉M35

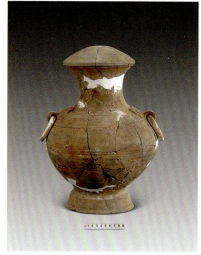

II区西汉陶壶 (M1∶4)

II区西汉陶盒 (M1∶5)

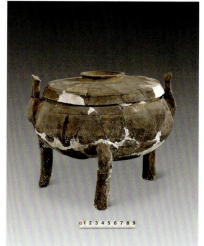

II区西汉陶鼎 (M1∶8)

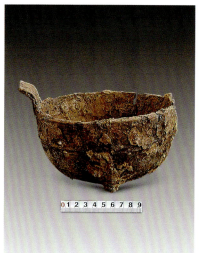

II区西汉铁釜 (M28∶5)

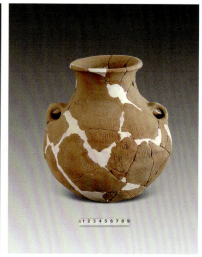

II区西汉陶罐 (M21∶2)

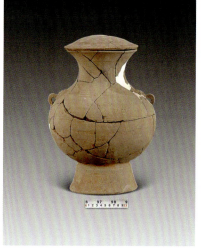

II区西汉陶壶 (M2∶3)

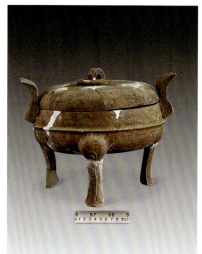

II区西汉陶鼎 (M2∶5)

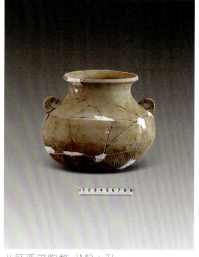

II区西汉陶盨 (M2∶7)

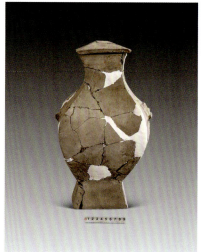

II区西汉陶壶 (M40∶4)

II区西汉M55

III区西汉M2

III区西汉M3

III区西汉M7

III区西汉M8

III区西汉M9

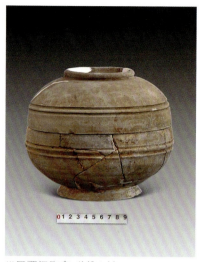

Ⅲ区西汉陶盒 (M9：1)

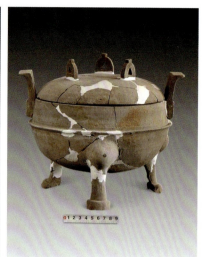

Ⅲ区西汉陶鼎 (M9：4)

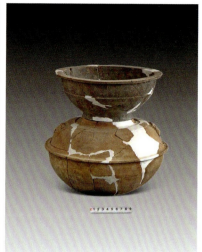

Ⅲ区西汉陶瓵 (M9：5)

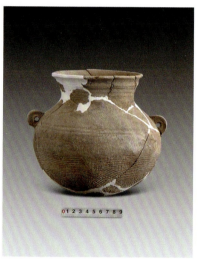

Ⅲ区西汉陶罐 (M9：6)

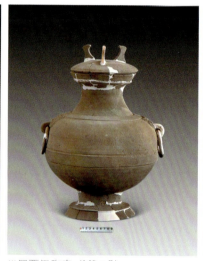

Ⅲ区西汉陶壶 (M9：7)

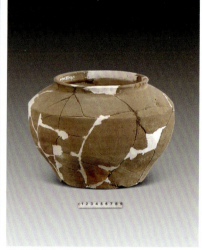

Ⅲ区西汉陶盂 (M9：9)

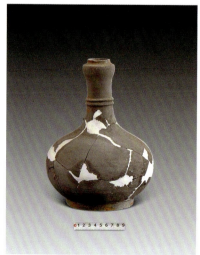

Ⅲ区西汉陶壶 (M10：5)

Ⅲ区西汉陶鼎 (M16：2)

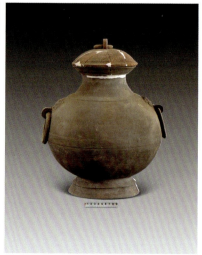

Ⅲ区西汉陶壶 (M16：3)

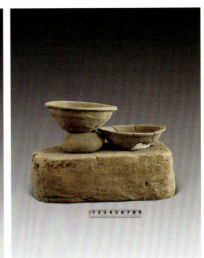

Ⅲ区西汉陶壶（M16：4）　　　　Ⅲ区西汉陶罐（M21：4）　　　　Ⅲ区西汉陶灶（M21：8）

罐为主体，配有瓿、井、灶、仓、蒜头瓶等。个别墓可能因墓主生前经济实力所限，仅有罐或豆等器类。铜器主要为墓主随身小器件，如带钩等。

　　莲花池墓地第二次被抢救的77座古墓葬是南水北调中线湖北段文物保护的重要成果。墓葬的主要年代从战国晚期到西汉末期，是研究丹江地区战国晚期楚文化、楚被秦灭和西汉统一这三段重大历史的重要考古学资料。从随葬器的类型上观察本次发掘的文化来源有楚、秦、巴蜀三种文化因素，楚为本地因素，秦因素为侵入后占统治地位，巴蜀文化因素为秦灭楚后带入本地。

撰稿：张治强　胡传耸

丹江口金陵墓群（2009年发掘）

◎ 荆州博物馆

　　金陵墓群位于丹江口市均县镇饶家院村。受湖北省文物局委托，2009年5月至9月荆州博物馆对金陵墓群进行第三次发掘，发掘面积3280平方米，清理不同时期墓葬87座：M33～M49、M166～M167、M170～M237。

　　这次发掘主要是在A区2号台地上进行，2号台地上面地势较平，东靠河汉，为陡坡，南和西为缓坡，北边为鱼塘，因此，地层堆积比较简单，大部分探方从上至下仅有一层灰褐色或黄褐色表土（耕土），厚一般为0.1～0.3米，土质较软黏，包含物很少，表土下即为黑色生土。墓葬均开口在表土下，打破生土。在丹江水库河岸边，由于河水的冲刷，地表土多已流失，黑色生土出露，有些墓葬的墓口暴露在外，部分墓坑被河水冲毁。

　　墓葬主要分布在A区2号台地上，少量分布在3、4号台地上，另外有少部分墓葬分布在A区2号台地北部的丹江口水库河岸边。在2号台地上共发掘了75座墓，其中唐墓和宋墓分布在地势较高的台地中间，清墓主要分布在台地中部及东部。

　　发掘的87座墓，以竖穴土坑墓最多，共71座，砖室墓16座，除M230时代不明外，其余86

发掘探方三次被水淹没（南—北）

2009年发掘探方航拍

座墓，按其时代分为秦、西汉、唐、宋、明、清六个时期。

秦墓仅发掘2座：M167、M179，位于金陵墓群A区3号台地上。

M179，位于AT1623方内，开口于第1层下，打破生土。长方形竖穴土坑墓，方向20°。墓口长2.48、宽1.6米，墓底长2.4、宽1.38～1.48米，墓坑深1.05米。墓坑口大底略小，四壁陡直不光滑，底略平。墓坑填土为灰、黄褐色花土，较疏松，无包含物。残存椁室腐烂痕迹，椁痕长2.13、宽1.23米。出土随葬器物8件：陶盂4件，陶鍪2件，陶绳纹圜底罐2件，均放置于墓坑底北端东侧。

M167和M179共出土随葬器物12件，均为陶器，器类有绳纹圜底罐、鍪和盂。

西汉墓仅发掘2座：M166、M237，其中M166位于A区3号台地北部，M237位于2号台地北部。

M166，位于AT1318的西北角，开口于第1层下，打破生土。长方形竖穴土坑墓，方向355°。墓口长3.45、宽2.1米，墓底长3.08、宽2米，墓坑深2.3米。墓坑口大底小，四壁斜直不光滑，底部略平。墓坑填土为灰、黄、褐色花土，较紧密，无包含物。葬具已腐，仅存椁室腐烂痕迹，椁痕长2.78、宽1.52米。人骨已腐。出土随葬器物5件：陶鼎1件，陶壶1件，陶鐎壶1件，陶瓮1件，陶鍪1件，均放置于墓坑西北角。

2009年发掘墓葬分布（北—南）

2009年发掘墓葬分布（东—西）

　　M237，位于AT2742方内，开口于第2层下，打破生土。长方形竖穴土坑砖室墓，方向248°。墓坑平面呈长方形，墓口长3.6、宽2.5米，墓坑深0.9米。坑壁陡直光滑，底部较平。墓坑西端中部有一斜坡墓道，墓道平面呈梯形，前端略外弧，斜坡上有两级生土台阶。墓道开口长1.72、宽1.43、深0.9米，下端宽1.63米，斜坡长1.88米。墓坑填土为灰、黄、褐色花土，土质较疏松，包含少量碎砖块。此墓早期遭扰乱，砖室券顶已毁。砖室平面呈"凸"字形，分甬道和主室两部分。主室为长方形，破坏严重，残长1.12、宽1.52、残深0.06米，仅剩少量底砖，为单砖错缝平铺；甬道设在主室西端，甬道内空长1.06、宽0.87、残深0.65米，甬道墙砖用三横一丁的方法砌筑。在甬道西部有向外弧的封门砖，封门砖采用错缝平砌而成。主室西北角设有一条排水沟，排水沟北端被晚期水塘扰乱，残长0.92、宽0.48、高0.18米。排水沟由三层半头砖错缝砌筑而成，两砖之间留有0.05米的空隙。墓砖分为两种。一种

秦M179墓坑及随葬器物（北—南）

秦陶罐（M179：3）

秦陶鍪（M179：7）

西汉M166墓坑及随葬器物（南—北）

为长方形砖，另一种为楔形砖。长方形砖均长37、宽16、厚6厘米。楔形砖长35、宽12～18、厚6厘米。部分墓砖上饰菱形纹及绳纹。出土的随葬器物有陶盆1件，陶盂1件，陶瓮1件，均残。

西汉墓出土器物均为陶器，共8件，器类有鼎、壶、鐎壶、瓮、鍪、盆和盂。

唐墓共发掘9座：M33～M36、M195、M202、M227、M228、M234。均分布在2号台地上，扰乱严重，券顶均无存，大部分墓葬残存墙砖和底砖，有的墓葬甚至严重扰乱至底部，剩少量底砖和碎砖。

唐墓墓坑为长方形竖穴土坑。墓口长1.3～6、宽0.64～2.5米；墓底长1.3～5、宽0.6～2.5米。墓底较墓口略小或同大，坑壁

西汉陶瓮（M166：1）

西汉陶壶（M166：2）

西汉陶鐎壶（M166：3）

西汉陶鼎（M166：4）

不光滑，底部较平。多在南端设一个短斜坡墓道。

砖室墓分带短甬道的凸字形单室墓、长方形单室墓和窄长形的砖棺墓三种。

凸字形单室墓和长方形单室墓，砖室平面多为亚腰形，即两侧墙砖内弧。墙砖为三横一丁砌法，底砖为单砖平铺人字纹。墓砖多取用汉墓和六朝时期的墓砖，有长方形、楔形和长方形带圆头榫卯三种。正面多饰绳纹，少量饰方格纹和篮纹，侧面则饰菱形回字纹、云纹等。

砖棺墓是用碎砖堆砌而成，头端略宽，非常简陋，无随葬品。

M34，位于AT2242方内，开口于第1层下，打破生土。长方形竖穴土坑砖室墓，方向160°。墓坑平面呈长方形，墓口长4.3、宽1.94～2.15米，墓底长4.13、宽1.9米，墓坑深0.8米。墓坑口大底小，四壁斜直不光滑，底部较平。墓坑填土为灰、黄、褐色花土，土质较疏松，包含少量碎砖块。在墓坑南端设有斜坡墓道，墓道平面呈梯形，墓道前端略外弧。墓道长1.4、宽1.05、深

西汉M237墓坑及砖室（西一东）

0.65米，底坡长1.39米，下端宽0.9米。砖室扰乱严重，平面呈"凸"字形，由主室和甬道两部分组成。主室长2.6、宽0.58～0.83、残深0.53米。甬道位于主室南端，长0.7、宽0.52、残深0.37米。砖室两侧墙砖中部向内弧，甬道和砖室墙砖为三横一丁砌筑而成，底砖均用单砖平铺人字纹，在甬道前端残存部分封门砖。墓砖有长方形和楔形两种，长方形墓砖长36、宽18、厚6厘米；楔形砖长36、宽18、厚4～6厘米。葬具和人骨均腐。出土随葬器物有瓷碗4件，陶碗1件。

M35，位于AT2141方内，开口于第1层下，被M236打破，打破生土。长方形竖穴土坑砖室墓，方向155°。墓坑平面呈长方形，墓口长4.26～4.33、宽2.15米，墓底长4.07、宽1.62～1.71米，墓坑深1.23米。墓坑填土为灰、黄、褐色花土，土质较紧密，包含少量碎

唐M34墓坑及砖室（南—北）

唐瓷碗（M34：1）

唐瓷碗（M34：2）

砖块。在墓坑南端中部设一斜坡墓道，墓道平面呈梯形，前端略外弧。墓道上口长1.37、宽1.65、深1.3米，下端宽0.52~0.91米，底坡长1.83米。砖室扰乱严重，平面呈"凸"字形，分主室和甬道两部分。主室长2.9、宽1.5、残深0.89米。甬道位于主室南端，长0.8、宽0.73、残深0.33米。主室两侧墙砖向内弧。甬道和砖室墙砖采用三横一丁的方法砌筑而成，底砖为单砖平铺人字纹。墓砖有长方形砖和楔形砖两种。部分墓砖一面饰绳纹。长方形砖长37、宽19、厚5厘米。楔形砖长36、宽18、厚4~6厘米。葬具和人骨均腐。出土随葬器物有瓷碗4件，陶碗1件。

唐墓出土随葬器物11件，分瓷器和陶器两类。瓷器均为瓷碗，多为灰白胎，器身施青色半釉，即上半部施釉，下半部无釉，釉色晶莹，有细密冰裂纹，弧腹，均为饼形足。陶器均为陶碗。

宋墓共发掘5座：M38 、M40 、M173、M182、M187，均为土坑砖室墓，扰乱严重。多分布在2号台地上。在这5座宋墓中，M173为同穴双室并列夫妻合葬墓，除M187砖室平面为圆形外，其余3座砖室平面均为长方形，两侧墙砖略向外弧，墙砖砌法多为单砖错缝平砌，底砖为单砖错缝平铺。

M187，位于AT2441方内，开口于第1层下，被M42打破，打破生土。竖穴土坑砖室墓，方向195°。墓坑平面为斗形，长6.68、宽3.62米，墓坑深2.46米，坑壁陡直，较平整光滑，底部较平。墓坑填土为黄、白夹黄褐色花土，土质较疏松，包含少量碎砖块。在墓坑南端设有八级生土台阶墓道，一端宽（靠墓室）、一端窄。墓道长2.63、宽1.24～2.31米，底部长2.7米，下端宽1.36米，墓道底距墓坑底高0.42米。砖室扰乱严

唐M35墓坑及砖室（南一北）

唐瓷碗（M35：1）

唐瓷碗（M35：2）

唐瓷碗（M35：4）

重，由主室和甬道两部分组成。甬道位于主室南端，平面呈长方形，甬道券顶保存较好，用两层楔形砖砌筑，甬道墙砖用单砖错缝平砌。甬道底低于主室底0.4米，甬道底砖为单砖错缝平铺。甬道前墓门两侧分别用四条砖直立砌筑成门柱。残存部分封门砖，封门砖侧砌成人字形。主室平面呈圆形，直径3.6米，券顶已毁。墙砖砌法仿地面建筑，为斗栱结构，共有8个斗栱，结构是上部为斗栱，斗栱之下为立柱。斗栱之间为单砖错缝平砌，共七层砖。斗栱之下一层砖突出，与立柱平齐。斗栱下立柱用四道砖直立错缝砌成，高0.96、宽0.2米。斗栱上宽0.7米，下宽0.24米。立柱之间用砖装饰有窗棂、门、桌椅、灯檠、浮雕剪刀、熨斗等，共有7组装饰。立柱之间的装饰从东南靠甬道开始依次为：第一组，上部为窗棂，用单砖直立砌成，窗棂下用砖砌有两个板凳和一个桌子；第二组，上部为两块方砖并砌，其中一块方砖上刻有"政和八年三月□二日□之家"纪年文字，另一块方砖上原来也可能有绘画之类的装饰，方砖下部用砖砌有两个壁龛；第三组，上端为两砖平砌共四组窗棂，下部为灯檠装饰；第四组（正对甬道），上部为单砖侧砌的窗棂，下部为门，门框用砖直立砌成，门楣用两块砖平砌，两扇门对开；第五组同第三组；第六组同第二组，在北侧方砖上浮雕有剪刀和熨斗；第七组同第一组。主室墙砖底部用一头宽一头窄的单砖砌筑一周，且比主室内的底砖深0.05米。主室底砖中部和靠甬道处为方砖平铺，方砖两侧为长

宋M187墓坑及砖室（南—北）

宋M187门窗斗栱及立柱装饰

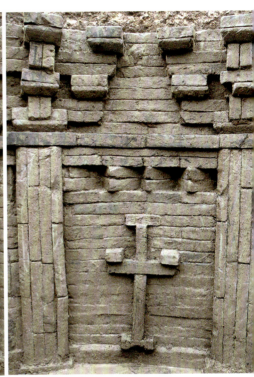

宋M187窗棂及桌椅装饰　　　　宋M187壁画及壁龛装饰　　　　　　宋M187灯檠装饰

宋瓷碗（M187：4）

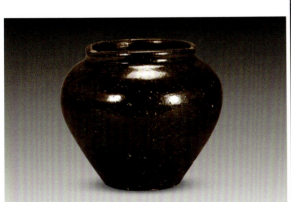

宋瓷罐（M187：1）

宋瓷盏（M187：2）

宋M173砖室平面（南—北）

　　方形单砖错缝平铺。墓砖有长方形、方形和楔形砖三种。长方形砖长32、宽15～16厘米；方形砖长宽为31厘米；楔形砖长32厘米，上端厚5厘米，下端厚3厘米。葬具和人骨已腐，在砖室西侧底残留两截肢骨，呈碎片状，发现一颗牙齿。出土的随葬器物有瓷罐1件，瓷盏1件，瓷碗1件，漆盏托1件，铜钱35枚。

　　M173，位于AT3846的东南角，开口于第1层下，被M174和M176打破，打破生土。长方形竖穴砖室墓，方向325°。墓坑平面呈长方形，墓口长3.7、宽3.55米，墓坑深1.6米。墓坑四壁陡直不光滑，底部较平。墓坑填土为灰黄褐色花土，较紧密，包含少量碎砖块。在墓坑南端中部有一排水沟，呈长方形，排水沟残长0.86、宽0.36、深0.2米。该墓为同穴双室合葬，有两个砖室，分东室和西室，东室较宽，西室较窄。平面均呈长方形，两侧墙砖中部略向外弧，南北两端内收。东室长3.41米，中间宽1.86米，北端宽1.43、南端宽1.73米。券顶及上部墙砖被毁，残深0.82米。西室长3.31米，中间宽1.35米，北端宽1.14、南端宽2.87米。券顶已毁无存，留有南端与北端上部的墙砖，残深1.48米。东室和西室内部结构相同。砖墙上都设有窗棂，窗棂上下由三横一斜丁的整砖错缝砌成。西室残留有封门砖，封门砖为两横两竖的整砖平砌。底砖为人字形平铺。每块砖长32、宽16、厚5厘米。葬具均腐。在东室中部残留几截肢骨，呈粉末状。西室中部有一头骨，面向上，残留有牙齿，均保存较差。出土随葬器物有铜钱22枚，铁钱15枚，陶碟1件。

M182，位于AT2340方内，开口于第1层下，被M49打破，打破生土。长方形竖穴土坑砖室墓，方向190°。墓坑平面呈长方形，北端略窄，南端略宽。墓口长4米，北端宽2.06、南端宽2.16米，墓坑深1.79米。墓坑坑壁陡直，底部较平。在墓坑南端设有斜坡墓道，墓道开口一端窄、一端宽，墓道长3.3米，宽0.83～1.06米。墓坑填土为灰白夹灰黄色黏土，土质较紧密，包含少许碎砖块。砖室平面略呈梯形，北窄南宽，砖室顶部已毁，残存墙砖和底砖。砖室由主室和甬道两部分组成。主室长2.34、宽2米，残深1.41米，主室两侧墙砖略向外弧，为单砖错缝平砌起券，券顶与墙砖用两砖一组斜平砌，起棱，形成屋檐，仿地面建筑，墙砖上部为四层单砖错缝平砌，其下为单砖侧砌起棱。底砖为单砖错缝横向平铺。近甬道处用两道方砖平铺。甬道位于主室南端，甬道长0.76、宽1.5米，甬道底低于主室底0.33米。甬道南端残存少量封门砖，封门砖为单砖错缝平砌。砖长33、宽16、厚6厘米。葬具和人骨均腐。出土器物有瓷盏1件、铜钱6枚、银钗和陶罐各1件。

宋墓出土随葬器物共81件，有瓷器、陶器、釉陶器、漆器、银器和货币。

M187出土的一件瓷罐，红胎。直口，矮领，鼓肩，弧腹，平底微内凹。酱红色釉，釉色凝重，光亮。内部口沿、腹及底施釉，

宋M182墓坑及砖室（南—北）

宋瓷盏（M182：1）

明M170砖室（南—北）

肩无釉，外壁器身满施，底无釉。口沿上有三个对称空白点无釉，且有釉斑，应是叠烧形成的。下腹饰数道凹弦纹。口径13、高15.4厘米。

M187出土的一件瓷盏，灰白胎，胎体轻薄。敞口，圆唇，斜腹壁，小矮圈足，口大底小，形似漏斗。通体施酱釉，釉色滋润，釉层凝厚，内壁满釉至底，外壁底无釉，下腹有流釉现象，釉面有黑、褐相间丝状兔毫纹，俗称兔毫盏，口径14.8、通高5.1厘米。

宋墓出土货币有铜钱和铁钱。

铜钱共58枚。均为方孔圆钱，正面铸钱文，背素面。铜钱铭文有"开元通宝"、"至道元宝"、"咸平元宝"、"祥符通宝"、"祥符元宝"、"天禧通宝"、"天圣通宝"、"天圣元宝"、"皇宋通宝"、"熙宁元宝"、"元丰通宝"、"元祐通宝"、"绍圣元宝"、"元符通宝"和"圣宋元宝"，铭文书体有楷书、隶书、篆书、行书和草书，钱文分直读和旋读两种。

铁钱15枚，均为"嘉定通宝"。

明墓共发掘6座：M170、M171、M174、M176、M177、M181。除M170为砖室墓外，其余均为小型竖穴土坑墓。明墓方向一般为东北—西南向，墓口长一般为2.5米左右，宽0.8米左右，深在1~1.5米左右。一般在墓主头向一端的坑壁上设有壁龛，壁龛内放置随葬器物。

M170，位于AT3846方内，开口于第1层下，打破生土。长方形竖穴土坑砖室墓，方向15°。墓坑平面呈长方形，墓口长2.3、宽

明瓷碗（M177：1）　　　　　　　　　　明瓷碗内底（M177：1）

明瓷碗（M174：2）　　　　　　　　　　明瓷碗（M177：2）

0.7~0.82米，墓底长2.23、宽0.65~0.77米，墓坑深0.62米，墓坑口大底小，四壁斜直不光滑，底较平。墓坑填土为灰黄色花土，较紧密，无包含物。砖室平面呈长方形，顶已毁，墙砖为单砖错缝平砌，底砖为单砖两列平铺。在砖室内北端（头端）中部设有一壁龛，长0.15、宽0.18、高0.15米。壁龛内放置随葬器物。人骨已腐，残留2截肢骨，已成粉末状。在墓底北端有板瓦枕头。出土器物有瓷碗2件，釉陶罐1件，置于壁龛内。

明墓共出土随葬器物17件，器类有瓷器、釉陶器、陶器和铜器。

瓷器多为青花瓷碗，釉色大多滋润，白中泛青，青花内容广泛、题材丰富，有植物、动物、吉祥图案、山水写意等。

清墓共发掘62座：M37、M39、M41~M49、M172、M175、M178、M180、M183~M186、M188~M194、M196~M201、M203~M226、M229、M231~M233、M235、M236。主要分布在2号台地上，分布较密集。均为小型竖穴土坑墓。墓坑方向大多为东北—西南向，头向一般为东北向。墓坑平面分长方形和梯形两种。长方形墓27座，墓口长一般为2.2~2.5米，宽一般为0.7~1米，墓坑深一般为0.5~1.2米。梯形墓35座，墓坑头端宽，脚端窄，墓口长一般为2.2~2.6米，头端宽一般为0.6~0.8米，脚端宽一般为0.5~0.6米，墓坑深一般为0.45~0.9米。清墓墓坑填土多为黄褐色花土，土质较疏松。葬具均为木质单棺，大多腐烂，有的残存部分棺板，木棺多头端大，脚端小。在棺底多铺有一层0.02~0.05米厚的草木灰。人骨多已腐烂，葬式均为仰身直肢葬，一般用陶瓦和陶钵枕头。

清墓共出土随葬器物154件，除货币外，主要为陶器，少量瓷器、铁器、银器、玻璃器等。

金陂墓群分布有东周、秦、西汉、唐、宋和明清时期的古墓葬，墓地面积之大，墓葬分布之密集，延续时间之长，是整个丹江口库区少有的。对它的科学发掘，必将为研究丹江流域战国、秦汉、唐、宋和明清时期的社会发展状况等提供重要的资料，特别是大量唐代和宋代砖室墓的发掘，为研究唐宋砖室墓的形制特点、建筑方法等提供了重要的实物资料，出土的大批明代青花瓷碗，为研究明代民窑青花瓷器的制作工艺提供了宝贵资料。

撰稿：刘德银　毛　芳　刘　玮

摄影：金　陵　刘德银

丹江口蒿口墓群

◉ 秦始皇兵马俑博物馆

　　蒿口墓群位于丹江口市六里坪镇蒿口村。墓地四面环山，中间为较开阔的盆地。汉水支流官山河从墓地北部边缘由西向东流过，墓地南部边缘的螃蟹河向北注入官山河。墓地地表比较平坦，现为大面积庄稼地。

　　2009年，受湖北省文物局委托，秦始皇兵马俑博物馆承担了蒿口墓群的考古勘探和发掘，项目勘探面积8000平方米，实际完成11000平方米。项目发掘面积　1200平方米，实际完成3200平方米。清理

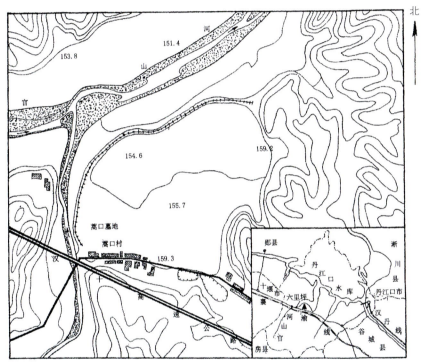

蒿口墓群位置示意图

蒿口墓地外景（东一西）

汉M2（西—东）

汉M9（东—西）

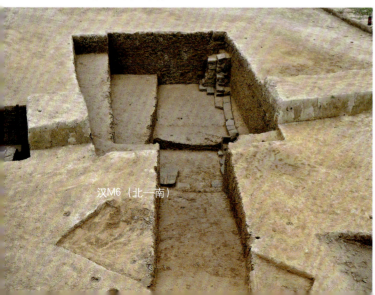

汉M6（北—南）

汉代墓葬26座，按其形制可以分为以下8种：

1. 仅有墓室的小型砖室墓。

此类墓发现较多，有M2、M4、M7、M8、M10、M11、M12、M19、M20、M24、M26等。

M2，为长方形砖室墓。方向198°。没有墓道。墓室呈长方形，长3.5（内长3.1）、宽1.1（内宽0.78）、深0.9米，距离现地面1.2米。推测修筑方法是：先砌高约0.8米的左右的墓墙，然后将棺材放入，最后再起券，从墓顶封闭整个墓葬。

2. 有墓道有甬道的小型墓。

此类墓发现1座，M9，为斜坡墓道砖室墓，方向260°，通长9.76米，分为墓道、甬道和墓室三部分。

墓道：斜坡墓道位于甬道的西侧，斜长4.3、水平长4、宽度1.2～1.3米，斜度28°。

甬道：位于墓道东，墓室西，长1.7、宽1.08（内宽0.78）米。

墓室：呈长方形，东西长3.5、南北宽1.8（内宽1.4）、深1.6米，距离现地面1.8米。无器物出土，也无葬具和骨骼。

3. 有墓道、有头箱、没有耳室的小型墓。

此类墓发现2座，M6、M23。M6，为斜坡墓道砖室墓，方向18°，通长8米，分为墓道、头箱和墓室三部分。

墓道：位于墓室北部，斜坡墓道，斜长4.4、水平长4.2、宽度1～1.14米，斜度18°。

头箱：位于封门墙南端，东西长0.82、南北宽0.76米。头箱低于墓室（棺床）约40厘米。

墓室：（棺床）呈长方形，南北长2.44、东西宽1.54、深1.16米，距离现地面1.36米。

4. 有墓道、有头厢、有耳室的小型墓。

此类墓发现有2座，M3，M25。M3，为斜坡墓道砖室墓，方向18°，通长7.2米，分为墓道、头箱、耳室和墓室四部分。

墓道：位于墓室北部，斜坡墓道，斜长3.75、水平长3.5、宽度1~1.1米，斜度28°。

头箱：位于封门墙南端，东西长1.18（内长1）、南北宽0.85米。头箱低于墓室（棺床）约0.3~0.32米，在头箱的东侧发现器物多件，有陶仓、灶、罐等。

汉M3（北—南）

汉M18（西—东）

汉M21（北一南）

汉M22（北一南）

　　耳室：位于头箱的西侧，耳室长1.2（内长1.02）、宽1.2（内宽0.85）米。券顶保存完好，在耳室的东部出土陶瓮1、猪圈1、猪1、狗1。

　　墓室：（棺床）呈长方形，南北长2.54（内长2.36）、东西宽1.3（内宽1）、深1米，在墓室的东北角出土陶罐3件。在墓室中部出土铜钱23枚。

　　5. 有较长墓道，墓室较大的墓葬。

　　此类墓发现5座、M1、M5、M13、M15、M18。墓葬一般都埋葬较深，距现地面3米以上，墓道长6~7米。墓室长3.5、宽2.5米以上。在墓室的两壁，距离墓底0.4~0.5米处，有3至4对两两相对的方孔。以M18为例介绍如下：

汉M14（南一北）

汉M14器物出土情况（北一南）

M18，为斜坡墓道砖室墓，方向120°，通长9.44米，分为墓道和墓室两部分。

墓道：位于墓室西部，斜长6.3、水平长5.7、宽度1.36～1.7米，坡度28°。

墓室：呈长方形，长3.74（内长3.42）、宽2.2（内宽1.84～1.88）、深2.8米，距离现地面3.0米。墓室南、北两壁自砖铺地向上约0.5米处，即第8块砖向上各有4个方孔，方孔大小为16厘米×12厘米（两块砖的厚度，一块砖的宽度）。方孔间距自西向东各为0.66、0.8、0.76米。推测方孔内原来插有方木，葬具放置在方木之上，并不直接放在墓室的地面上。在南北两壁东边的方孔之上有一槽，槽宽0.1、深0.08、高0.72米。槽内有朽木的痕迹，推测槽内原来有木板，用木板将墓室分割成内外两室。东面为棺室，长2.2米，在距离地面0.5米出土有棺板的残迹，共有3处，2处位于墓室的西北角，面积分别为0.5米×0.14米、0.1米×0.45米，可见黑、红色棺漆和朽木遗迹。一处位于墓室中部偏南，面积0.02米×0.4米，可见朽木遗迹。在棺室的中部出土瓮1件。西面为头箱，长1米。在西南角有一砖砌的灶台，灶台高0.4米。推测上面棚有一块木板，灶台下出土陶器多件。不见骨骼。

6. 墓室分为前后两室，后室为单室的墓葬。

此类墓发现了两座，M17、M21。以M21为例介绍如下：

M21，为斜坡墓道砖室墓，方向35°，分为墓道、甬道、前室和后室四部分。

墓道：斜坡墓道位于墓室的北边。斜长4.38、水平长4、宽度1.5～1.6米，斜度21°。

甬道：长方形，长2、宽2.34、深1.7米。

前室：呈长方形，长2.18、宽3.3（内宽2.5）、深1.7米，距离现地面1.9米。在前室的西南角出土壶1、罐1。

后室：呈长方形，长2.8、宽2.3、深1.46米（比前室高4层砖），距离现地面1.66米。此墓室破坏严重，墙残残高0.24～0.36米，铺地砖已被人揭取。

7. 墓葬分为前后室，后室为双室的墓葬。

此类墓发现了1座，M22，介绍如下：

M22，为斜坡墓道砖室墓，方向70°，分为墓道、前室和后室三部分。

墓道：斜坡墓道位于墓室的北边。斜长5.4、水平长5、宽度1.8～2.1米，斜度21°。

前室：呈长方形，东西长4.36（内长4.06）、南北宽2.3（内宽1.8）、深2.06米，距离现地面2.26米。

后室：为东西双室，两室形制相同。西室，呈长方形，南北长2.44（内长2.2）、东西宽1.36（内宽0.94）、深1.66米（比前室高7层砖），距离现地面1.86米。另外，两个墓室之间有一宽0.22、高0.3米的小洞相通。

8. 土圹墓。

发现1座，M14介绍如下：

M14，为斜坡墓道土圹墓，方向35°，通长8.16米，分为墓道和墓室两部分。

墓道：位于墓室的南侧，斜坡墓道，有台阶，斜长4.8、水平长4.5、宽度1.5～2.9米，斜度20°。墓道高于墓室1.5米。

墓室：呈长方形，长3.6、南北宽3.4、深3.1米，距离现地面3.3米。四壁较直。葬具为两棺一椁，均已腐朽为灰。木椁，从板灰痕迹辨认，其平面呈长方形，长3、宽2.7、深1.1米。可见四壁壁板和盖板，壁板厚10～18厘米。盖板由9块木板东西向排列，板宽20～45厘米不等。在盖板上见有两个盗洞，一号盗洞位于墓室南部，呈椭圆形，长径0.9、短径0.8米、深0.2米。二号盗洞位于墓室西部，呈圆形，直径0.7米、深0.2米。说明两个盗洞都未盗到底。木棺两具，东西向并列置于木椁之内，从板灰痕迹辨认东木棺长2.4、宽0.8、残高1米。西木棺长2.4、宽0.8、残高1米。腐朽太甚，不见人骨架。两棺之间出土器物多件。另外在西木棺的底部也出土器物多件。

此次共出土青铜器、陶器、铁器、料器等文物130余件。其中，陶器115件，以泥质灰陶为主，占90%以上，火候较高，质量较好，器形有罐、仓、井、鼎、灶、猪圈、磨、瓮、釜、甑、盒、陶臼等。少量为泥质红陶，火候低，极酥软，发掘时，大多数可以看出器形，多为陶罐，但无法提取、修复。其次为铜器，7件，都为小件，没见大型铜器。此外还有料器3件、铁釜1件，铜钱约730余枚钱币，其中"五铢钱"400余枚（器形完整者330余枚），"大泉五十"260余枚，"货布"1枚。五铢钱分为有轮五铢和剪轮五铢两种。

通过发掘我们认识到：

该墓地墓葬的埋葬方式，在总体布局、墓葬排列、埋葬方向等方面都具有随意性。其中7座朝北（M3、M6、M5、M21、M22、M13、M7），4座朝东（M1、M18、M25、M23），3座朝南（M14、M15、M16），1座朝西（M9），另外几座墓向不清楚，墓葬的方向不规律。说明其不具备大家族或宗族墓葬的性质。

作为墓葬断代的重要依据的铜钱，在本墓地中M1、M3、M4、M5、M13、M14、M15、M16、M17、M22等都有出土。M14的铜钱皆为五铢，形制与河南洛阳烧沟汉墓II型"五铢"相同。M14-11陶鼎与襄樊彭岗汉墓M115-2相似，陶井也与襄樊彭岗M120-3相似，M14-22陶仓也与襄樊彭岗M120-5相似，且都为土圹墓。汉墓中土圹墓的年代相对较早，最迟可晚到西汉中期。而且M14还被M9打破。所以，M14的年代可能为西汉中期。M18、M21、M23中的器物与襄樊地区、老河口地区的东汉墓中的器物多有相似，如M21-1陶壶与襄樊高庄的M7-9相似，M21-2陶罐与襄樊高庄的M7-10相似，M23-1陶罐与襄樊团山下营墓地的陶罐M6-6相似，M23-3陶罐与襄樊团山下营M9-19相似。另外蒿口墓地M3-8猪圈也与襄樊杜甫巷东汉墓

M2-2相似。据《汉书·食货志》载："王莽居摄，变汉制……更造大钱，径寸二分，重十二铢，文曰'大泉五十'。"说明这种钱币是王莽时期开始铸造的。由以上分析，推测这批墓葬应该为东汉早期。

墓主人的身份应相差不大。M21、M22有前后两室，规模相对较大，M14出土器物较多，比较齐全，墓主人身份可能比较高，为中低级官吏或豪强地主。M1、M5、M13、M15、M18稍次一等级，墓主可能为较富裕的庶民，其余的小型墓葬，墓主当为普通平民。其中M22皆为双室并列，可能为夫妻合葬墓。

M1、M5、M13、M15、M18等墓葬，在距墓底0.4~0.5米处，墙壁上见有3~4个方孔。推测方孔内原来插有方木，葬具放置在方木之上并不直接放在墓室的地面之上。这是本次发掘中所见到的较为独特的一种墓葬形制。

该墓地是十堰地区出土器物较多、墓葬形制复杂的一处汉代墓地，为研究两汉时期该地区的经济、社会状况提供了一定的实物资料。

撰稿：申茂盛　任建库
摄影：任建库

郧县

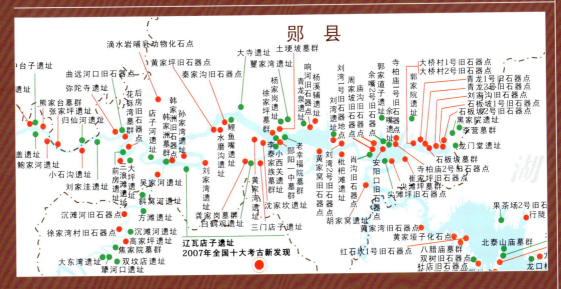

郧 县

滴水岩哺乳动物化石点　　　大寺遗址　土埂坡墓群
　　　黄家坪旧石器点　　　瞿家湾遗址
　　　　　泰家沟旧石器点
中台子遗址　曲远河口旧石器点　　响河庙辅遗址　　寺柏庙1号石　大桥村1号旧石器点
　　　　弥陀寺遗址　　　　杨家岗遗址　　河旧石器点　器点郭家道子遗址　大桥村2号旧石器点
　　　　　　花后房旧石器点　青龙泉遗址　　杨家湾遗址　余家嘴2号旧　青龙1号旧石器点
　　熊家台墓群　　店子河遗址　徐家坪墓群　　刘湾1号旧石器点　　石器点郭家院　青龙2号旧石器点
　　张家坪遗址　韩家洲旧　　　　　　　　　　　　　　　　遗址　刘湾沟旧石器点
　归仙河遗址　韩家洲石器点　鲤鱼嘴遗址　　　　周家沟旧石器点　　　石板坡1号旧石器点
　　　　　　　水磨沟遗址　　老幸福　刘湾2号旧　　　　石板坡2号旧石器点
盖遗址　　　　　　　泰家坡遗址　院遗址　石器点　　　黑家院遗址
鲍家河遗址　小石沟遗址　　小西关　郧阳一中墓群　肖沟旧石器点　　李营堂遗址
　　　　白鹤观遗址　黄家族墓群　安阳旧　石板墓群
刘家洼遗址　　大坪　刘家岗墓群　沈家坎遗址　　庙沟旧　　寺柏庙2号旧石器点
　　　前房遗址　吴家河遗址　　　　　胡家窝遗址　石器点　崔家坪遗址
　　　斜窝河遗址　　龚家岗墓群　　　　　尖滩坪遗址
沉滩河旧石器点　　方滩遗址　　　黄家窝遗址　　　果茶场2号旧石
　　　沉滩河遗址　　　三门店子遗址　　黄家窝旧石器点　　　行陵
徐家湾村旧石器点　　　辽瓦店子遗址　　　红石坎1号旧石器点　黄家垭子化石点　北泰山庙墓群
高家坪遗址　焦家院墓群　**2007年全国十大考古新发现**　　　　　　　双树旧石器点八腊庙墓群
大东湾遗址　双坟店遗址　　　　　　●　　　　　　　杜店旧石器点　　　龙口村

湖

　　　　龙门

　郧县地处鄂豫陕三省边沿，汉江上游下段，位于十堰市东北部。境内高山与盆地兼有，沟壑与岗地交错，全县国土面积3863平方公里。

　　根据南水北调工程文物保护总规划，郧县涉及文物点81处，其中地下文物点74处。涉及普探面积17万平方米，重探面积0.3万平方米，发掘面积13.8万平方米。地面文物点7处，涉及建筑面积5278平方米。

郧县余嘴Ⅱ号旧石器点

◉ 吉林大学边疆考古研究中心

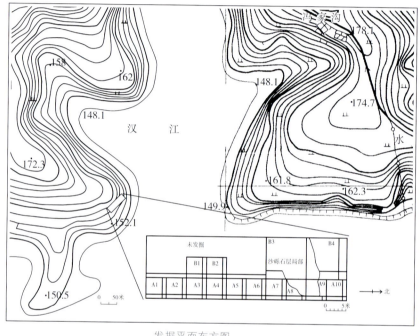

发掘平面布方图

余嘴Ⅱ号旧石器点位于湖北省郧县安阳镇余嘴村，地貌类型为汉江二级阶地后部，海拔高度150～155米。2004年由中国科学院古脊椎动物与古人类研究所与当地文物部门联合调查发现，2009年吉林大学边疆考古研究中心受湖北省文物局委托进行发掘。发掘过程中采用探方发掘法，按照地层归属出土物，同时结合旧石器考

遗迹全景（西南—东北）

古田野发掘通常使用的水平发掘方式，测量所有出土物的三维坐标。由于发掘区所在的位置坡度较大，紧贴汉江水面，发掘期间又正值汉江涨水季节（发掘期间水位上升近两米），在布方过程中我们没有采用正南正北方向的探方布置，而是按等高线方向进行的，以求在水位上涨之前获得最大的发掘面积，同时除土更方便。第一期布5米×5米探方10个，方向北偏东45°，编号分别为A1～A10。由于在A8与A9探方中发现砾石堆，为了追溯其分布范围，在A7、A8探方上部布置B3，A9、A10探方上部布置B42个10米×10米探方。又鉴于A3、A4探方发现石制品相对较丰富，在其上部布置B1与B22个5米×5米的探方，共计发掘面积500平方米。

余嘴Ⅱ号地点的地层从上到下可以分为四层：

第1层，表土层。B4探方的东北侧为耕地的边缘，发现较多的石制品，为平整土地时扰动下伏文化层的结果。

第2层，受过扰动的红黏土层，黄褐色，夹杂石制品与历史时期的砖块、瓦片。仅分布于A1到A5五个探方，最厚处见于A3探方，厚度超过1米。

第3层，红黏土层，深红色。夹有砾石条带，分布于A8、A9、B3与B4探方。这一层A9、A10探方东侧发现一砂透镜体。砾石条带的倾角20°，倾向南偏西12°，走向北偏西55°。石制品主要发现于砾石条带的上部以及其西南侧，砾石密集的地带、砾石条带中与其下部都没有发现石制品。部分石制品存在磨圆的特征。

遗迹发掘（东—南）

遗迹绘图（西—东）

砾石条带（南—北）

清理砾石条带（北—南）　　　　　　　　　　　砾石条带走向剖面（东—西）

　　第4层，为胶结坚硬的红色砂黏土层，见于A10、B4探方，无石制品出土。

　　地层以及器物表面特征揭示在遗址形成过程中至少存在四次扰动：第一次是古人反复使用该遗址，导致保存程度不同的遗物；第二次是流水的搬运改造，部分石制品表面存在水流磨蚀以及搬运过程中的碰撞痕迹；第三次是历史时期的人类建筑活动；最后一次是新中国成立后的平整土地活动，严重破坏了遗址的上部。

　　余嘴Ⅱ号地点的发掘揭露出一处砾石条带，从阶地高处向江中延伸，所见宽度1～2米，倾向西南，走向北偏西55°，倾角22°。大部分石制品散布在砾石条带的西南侧。砾石条带的砾石构成较为均匀，以砍砸器大小的砾石居多。质料包括所有石制品的质料在内。根据石制品构成残破器物比例较大（22件砍砸器中仅有两件完整器物）、原料选择并不严格、砾石条带的分布以及器物保存程度不同等特征，我们推测余嘴Ⅱ号地点可能是一处受过后期扰动的石器制造场遗址。

　　此次发掘共计出土石制品334件，未见其他人类遗存出土。在石器工具中，手镐是特别有特色一个门类，它以砾石断块为毛坯，形态稳定成熟。余嘴Ⅱ号地点出土两件手镐。从手镐的形态与修理加工与使用痕迹来看，其用途除了使用尖端进行挖掘之外，还利用侧边进行砍砸。薄刃斧2件，皆砂岩质。砍砸器22件，分为两种类型：尖刃与直刃。刮削器8件，分为凹缺刮削器、直刃刮削器与端刃刮削器三种类型。尖状器3件。石核19件，除一件为角页岩质外，皆为石英质，以多台面石核为主。完整石片17件。断块141件，石英数量居首，砂岩次之，然后是角页岩。断片63件，质料的表现程度与断块一致。碎屑46袋（总计110件），长度不超过1厘

砾石条带石制品出土情况

手镐（左：B33：0251　右：B41：0198）

砍砸器与大石片（左：B33：0040　右：B33：0183）

薄刀斧与尖刀砍砸器（左：B33：0250　右：B33：0270）

刮削器组合（上左1：B33：0312　上右1：A42：0008　中左1：B41：0172　中左2：B41：0191　中右1：B41：0102　下左1：A52：0012　下左2：A52：0013　下右1：A32：0047）

尖状器组合（上：B4①：0140　下左1：B4①：0139　下右1：B4①：0114）

米，全部为石英质。这与石英易碎，难以风化有关。打片砾石11件，为仅有一个片疤的砾石，可能为人工打击所致。

手镐的大小较之砍砸器轻巧，出土位置和薄刃斧在一起，它们是否属于女性专用工具值得深入研究。

经过发掘工作，我们获得了以下几点认识：

第一，年代问题。余嘴Ⅱ号地点是为流水侵蚀改造过的遗址。埋藏石制品的基质为红黏土，目前的方法测量红黏土的年代跨度范围很大。汉江二级阶地的年代显然要早于人类活动的年代，可以将之视为人类活动最早年代的上限。

第二，石器技术以锤击法为主（虽然根据实验，采用碰砧法更有效）。原料以石英与角页岩为主，虽然这里也能找到燧石砾石，显然原料细腻程度不是最重要的考虑因素，是否容易得到才是主要考虑因素。

第三，石制品风格特征的问题。余嘴2号地点的石制品组合特征兼备砍砸器传统与石片工业的特征。

第四，最佳原料带与人类适应问题。从一条河流的砾石大小构成来看，上游河谷的砾石无疑是最大的，下游的最小。砾石直径太大，根本无法加工，太小又不合用，因此就河流所能提供的砾石原料而言，存在一个最佳适合度。汉江中游的砾石大小正好满足这个要求。与此同时，上游河谷较为狭窄，山高林密，人类活动空间小。下游地区地势平坦，河流泛滥，在人类没有掌握舟楫之前，也不方便利用。中游地区有一些开阔的谷地，便于人类狩猎采集。我们有理由认为汉江中游的谷地是旧石器时代狩猎采集人群较为理想的生存地带。

撰稿：陈胜前

郧县肖沟旧石器点

⦿ 吉林省文物考古研究所

郧县肖沟旧石器点隶属于郧县安阳镇崛峪乡钟家河村（移民工程及村屯合并前属肖沟村），位于汉江下游左岸的二级阶地上，此处汉江回旋向东南方向流去，汇入丹江口库区。遗址背靠高山，东侧崛峪河由北向南注入汉江，河口处视野开阔，西侧为一南北向的自然冲沟，遗址所在阶地如长舌状伸入汉江，三面环水。2010年10～12月，受湖北省文物局委托，吉林省文物考古研究所对该旧石器点进行了发掘。

该遗址依照自然地貌间隔，分为两个发掘区：A发掘区位于阶地的南端偏北侧，B发掘区正处于阶地的最南缘，A、B两区间由一处高高隆起

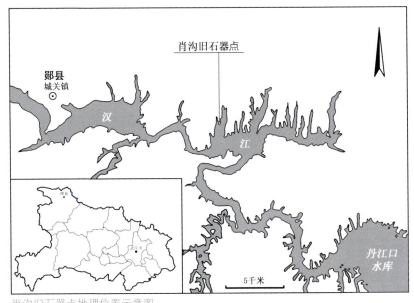

肖沟旧石器点地理位置示意图

遗址全景（西—东）

B区古人类活动面及椭圆形遗迹（西南—东北）

发掘区远眺（东—西）

B区古人类活动面及椭圆形遗迹（东北—西南）

椭圆形遗迹子单元中出土石制品

A区出土砾石工具

椭圆形遗迹中火塘

工作现场测绘

的山丘相隔。

　　本次发掘严格依照田野操作规程，按自上至下、由晚及早的顺序，根据土质土色区分堆积，合理应用旧石器时代考古发掘的特殊方法，在土质土色区分堆积的基础上，按水平深度进一步分层发掘，记录遗物。重点遗迹的发掘采用1米×1米探方发掘法。

　　地表采集石制品多呈现南方砾石主工业传统的特征。A发掘区埋藏较深，且后期扰乱严重，情况不甚理想。而B发掘区收获显著，在晚更新世时期的黄土夹锰铁结核的地层中（该层下直接叠压二级阶地砾石层），在约30平方米范围内出露一处椭圆形遗迹单元，该单元中央是一处火塘遗迹，可见红烧土块、表面呈黑色的烧石及炭迹，围绕火塘四周分布6处子单元，每个子单元由石英石核和石片及碎屑构成，均出土于相同层位，目前共出土石制品约300余件。这处椭圆形单元应为未经过扰乱的原生堆积，系一处旧石器时代晚期人类的活动面和石器制造场，成为复原和研究当时活动行为的重要参考依据。

　　反映北方主工业的小石器工业传统在该地区的出现为研究该地区旧石器时代晚期的环境变化、人群活动、文化交流提供了重要的物质参考资料。旧石器时代晚期人类活动面首次在汉江流域发现，为研究当时人类对原料资源的利用及其石器加工行为提供了重要的对比材料。

撰稿：赵海龙

摄影：赵海龙　徐　廷

模拟实验现场

实验结果俯拍

实验产品

郧县郭家院遗址（2009年发掘）

◉ 湖北省文物考古研究所

　　郭家院遗址位于郧县安阳镇西堰村四组。遗址西临细峪河，分布于郭家院南北两侧的台地上。中心坐标东经111°00′43.56″，北纬32°50′60″。海拔高度165～170米。

　　湖北省文物考古研究所在2006年11月～2007年1月进行了第一次发掘，发掘650平方米。2007年11月～2008年3月进行了第二次发掘，共发掘1868平方米。2009年，根据湖北省文物局的工作安排，湖北省文物考古研究所再次对该遗址进行发掘，领队由孟华平担任，工地具体事务由刘辉负责。本次发掘，在遗址的最西部布方，紧邻第二次发掘区域，布10米×10米探方18个，5米×5米探方2个，发掘面积1850平方米。

　　遗址地层堆积比较简单，与第二次发掘情况基本一致，共分为6层，其中第3～6层为新石器时代地层，第2层为汉代地层。文化层平均厚度在0.6米左右。最厚处为东部壕沟，深度超过4.8米。以IT0608为例说明：

　　第1层，灰褐色土，疏松，厚0.15～0.45米，内含大量植物根茎、红烧土颗粒及近现代遗

遗址远景（西—东）

物。此层为近现代耕土层。

第2层，灰色土，疏松，厚约0～0.15米，内含汉代绳纹砖瓦片。

第3层，红色烧土层，土质较硬，厚约0～0.45米，出土有大量陶片，可辨器形有鼎、罐、盆、杯等。另有石斧、石锛、石锄、石镞等石器。H80、H81、F29、F37开口于此层之下。

第4层，灰黑色土，较疏松，厚0～0.3米，夹杂大量红烧土颗粒，出土有少量陶片，属于屈家岭文化遗存。H78、H94开口于此层之下。

第5层，浅黄色土，较板结，出土有少量陶片。

遗址的主体遗存是新石器时代遗存，清理遗迹有房基16个、壕沟1条、灰沟5条、灰坑18个、瓮棺葬2个、灰烬层遗迹2个、红烧土遗迹1个。房基有圆形和方形之分，圆形全为单体建筑，方形多有隔间。灰坑有圆形和不规则形。出土遗物以陶器为主，陶器以夹砂陶为主，夹砂褐陶和泥质灰陶较多；纹饰以素面为主，其次有弦纹、篮纹、绳纹等；主要器形有深腹罐、红顶钵、敛口瓮、鼎、杯、双腹豆等。另有大量石器，器形有石斧、石锛、石凿以及石坯料等。以部分遗迹为例说明。

F28，位于ⅠT0905东北部，开口于第1层下，打破第4层及生土。平面形状为圆形，外径2.7～2.9、内径2.1～2.2米，仅存基

遗址地表情况（东—西）

湖北省文物局专家组检查工作

遗址发掘（东—西）

遗址航拍

遗址发掘

东部新石器壕沟G1（南—北）

新石器F28（南—北）

新石器F30（北—南）

槽，基槽宽0.26～0.4、深0.2～0.37米，基槽内填土为灰黑色土，略板结，夹杂较多的红烧土颗粒及草木灰，出土少量陶片、石器，可辨器形有钵、罐、瓮、石斧等。室内及其附属设施不详。

F30，位于ⅠT0407东南部，开口于第4层下，打破第5、第6层及生土。平面形状为圆形，外径2.3～2.4、内径1.4～1.5米，残存基槽宽0.4～0.5、深0.32～0.45米，填土灰黄色，夹红烧土块，出土有少量的陶片。

F31，位于ⅠT0804、ⅠT0805、ⅠT0904、ⅠT0905内，开口于第4层下，打破F32及生土。为方形，东西长6.2、南北宽5.1米，门向朝南，地面结构破坏，仅存基槽。基槽宽

新石器F31（南—北）

新石器F31与F32（南—北）

新石器F35（东—西）

新石器H87（南—北）

新石器H88（南—北）

0.2~0.75、深0.2~0.3米。

F35，位于ⅠT1005西部，延伸至ⅠT0905，开口于第1层下，被F28打破，打破生土。平面形状为方形，残存三面墙基（东部缺失），东西长约5.9、南北宽约5米，墙基宽约0.25~0.4米，深约0.1~0.2米，基槽内填土为黄褐色土，夹杂红烧土颗粒和少量陶片。在西南有一缺口，可能为门道。门道宽约75厘米。发现柱洞16个，其中10个内有木痕。

H87，位于ⅠT1414东部，开口于第1层下，打破F40。平面形状为圆形，直径1.2、深0.4米，直壁，平底。填土黄褐色，夹杂烧土、炭屑，不见其他包含物。

H91，位于ⅠT1015南部，部分延伸至ⅠT1014，开口于第3层下，打破生土，西部被H88打破。平面形状为不规则椭圆形，长径2.2、短径1.25米，斜壁内收，深约0.45米。坑内堆积分两层。第1层为灰黑土，较硬，夹杂红烧土颗粒、草木灰等；第2层为灰红土，夹杂红烧土颗粒及少量草木灰，出土有少量陶片。

W24，位于ⅠT0804东部，开口于第1层下，直接打破生土。仅存底部。坑口直径0.35~0.38、深0.07米。葬具为瓮。瓮内仅存肢骨3支。

W25，位于ⅠT1015南部，开口于第3层下，直接打破生土。仅存底部。坑口直径0.4、深0.08米。葬具为瓮。

遗址内涵比较单一，根据第二次发掘整理的情况，遗存早期与秦王寨文化朱家台类型相似，晚期与屈家岭文化青龙泉类型一

新石器H91（南—北）

新石器石锛（09YGIT0507烧土1：6）

新石器W24（南—北）

新石器石锛（09YGIT0608③：2）

新石器W25（南—北）

新石器石斧（06YGH78：4）

新石器石斧（09YGIT0605③：1）

新石器石斧（09YGIT0605③：2）

新石器石斧（09YGIT0705③：2）

新石器石斧（09YGIT1214④：1）

新石器石斧（09YGHT8：3）

新石器石环（09YGIT0705③：1-2）

新石器石箭镞（09YGIT0709②：1）

新石器石配饰（09YGIT0704①：1）

新石器石斧（09YGIT0604东隔梁①：1）、
石凿（09YGIT1315②：1）

新石器陶杯（09YGH78：5）

新石器陶壶（09YGT0706③：1）

新石器陶器盖（09YGH97：1）

致。为研究鄂西北地区史前聚落形态的演变和通过聚落探讨社会组织结构提供了一个非常理想的个案。

本次发掘，在遗址东部发现了壕沟，这是第一次在鄂西北地区发现环壕作为防御设施，环壕设施在同时期的豫西南地区也有发现。聚落布局至少应有居住区和墓葬区的划分，外有环壕作为防御设施，内部房屋之间可能经过严格有序的布局规划。聚落形态尽管经历了从圆形房屋到方形房屋的变化，圆形房基成组分布的特征非常明显，所有圆形房屋似乎围成一个中心广场。方形房屋兼有同时期排房和院落的特征，几组方形房屋围成一个中心广场，结合前两次发掘看，至少可以划分为三个中心广场。从房屋之间的布局和关系看，尚未发现哪个建筑具有特殊的中心地位，还看不出明显的等级差异，反映当时的社会组织结构还比较简单，尚未出现社会分层，这与江汉平原同时期聚落结构和社会组织形态比有一定差异。

撰稿：张　君　刘　辉

摄影：张　君　郝勤建

郧县刘湾遗址

◎ 湖北省文物考古研究所

刘湾遗址位于汉江北岸一、二级台地上，中心地理坐标东经110°53′15.8″，北纬32°48′57.1″，高程160米。遗址总面积约3万平方米。整个遗址早年平整过，北部原为村民居住区，20世纪80年代初搬迁东部岗地。它东距居民点约300米；北距郧县县城约10公里；距青龙泉遗址约3公里；与青龙泉隔江相望。西、南为汉江。隶属郧县杨溪铺镇刘湾四组。

2009年6月至2010年1月，根据湖北省文物局工作安排，湖北省文物考古研究所对该遗址进行了勘探和发掘，发掘面积3000平方米。

地层堆积共分五层。第1层表土层，第2层为扰乱层，第3、4、5层为新石器文化层。在 I 区的西部只有第1、第2、第5三层分布，大部分灰坑、墓葬主要分布在西部。

遗迹有房址、灰坑、灰沟、灶和窑，大部分分布在第二层下。

仰韶时期遗存 房址 清理1座（编号F1）。

F1，平面呈圆形，直径2.8~2.9、基槽宽0.2~0.35、基槽残深0.05~0.15米。基槽内6个柱洞，房内西部一个柱洞，柱洞直径14~25、残深18~30厘米。房内地面填土为灰黑土夹红烧土块，中部地面内凹，放置大鹅卵石块12块，无焚烧痕迹。

刘湾遗址远景（东北—西南）

遗址勘探（东—西）

刘湾Ⅲ区发掘（北—南）

2009年 II 付区探方与遗迹全景（北-南）

刘湾 I 区发掘照（南—北）

刘湾 III 区探方全景（北—南）

灰坑　共清理122个（编号H1～H122）。

新石器灰坑121个。灰坑有方形、长方形、圆形、椭圆形和不规则形五种。以方形居多，圆形、椭圆形和不规则形次之，长方形较少。方坑内多无遗物，除H42外，其他坑内遗物较少。

H42，开口在第3层下，打破第4层、M16和生土，距地表深0.65～0.7米。开口平面近圆形，坑口残长径2.84、残深0.2～0.3米。坑壁一边为弧壁一边为斜直壁，坑底凹凸不平。坑内填土为灰黑色夹少量红烧土块、草木灰和石块，土质松软，出土大量陶片，以夹砂为主，泥质次之；陶色以红陶和灰陶为主，黑陶、褐陶较少，纹饰以素面为主，可辨器形有红顶钵、钵、罐、鼎、盆等。

H68，开口在第2层下，开口距地表0.3米，打破第4层和生土。平面形状近方形，其上部开口较大，为斜壁，较浅。上部坑口长2.76、宽1.48、深1.2米。下部为一圆柱形坑，直壁平底。坑口直径0.98、深1米。坑内的填土为黑褐土，有黏性，含有红烧土颗粒

专家组检查工地

湖北省文物局专家组检查资料

新石器F1（东—西）

新石器G2全景（西南—东北）

新石器陶钵（G2：11）

和炭粒。下部填土呈沙性，黏性较大。坑底出土少量的陶片，器形有鼎、罐、钵。

H78，开口在第2层下，开口距地表0.15米，打破第5层和生土。平面形状呈椭圆方形，斜壁，坑壁较规整，坑底较平。坑口长3、宽1.8、深1.54米。坑内填黑褐色土，有黏性。含有较多的红烧土粒草木灰。出土有少量陶片，可辨器形有鼎、罐、钵、盆、爽瓦。

H81，开口在第2层下，打破第5层和生土，开口距地表0.25米。平面形状呈正方形，直壁，平底。边长0.8、深1.4米。坑内填土上部为灰黑色土，夹红烧土块。下半部为灰黄沙土，松软且有黏性。坑底出土有少量陶片和较多的石块，器形有陶鼎、罐、钵。

新石器陶碗（H42：6）

新石器Z1（南—北）

新石器陶罐（H42：9）

新石器H42器物分布（南—北）

新石器陶鼎（H42：1）

　　H83，开口在第2层下，打破第5层和生土，开口距地表0.35米。平面形状呈不规则的圆形，斜壁，平底。残长1.52、残宽0.88、深1.26米。坑内的填土上半部为灰黑色土，夹有较大的红烧土颗粒。下半部为灰黄沙土，松软且有黏性。坑底出土有较多的石块和少量器物片，器形有陶鼎、罐、钵等。

新石器H68（北—南）

新石器H81（东北—西南）

新石器H83（东北—西南）

灰沟　清理新石器灰沟3条（编号G1～G3）。G1为长条形，G2、G3长条曲形。

G2，开口于第2层下，打破第5层和生土。开口距地表深0.3～0.6米。平面呈长条曲形。口部边缘明显。东南至西北走向。东南部较高，西北部较低，斜壁，底较平。残长40、宽3.1～6.5、深1.2～1.8米。填灰黑色和褐黄色黏土，土质较致密，含少量烧土块、石块、草木灰等。包含物多为碎陶片和少量石器，可辨器形陶器有鼎、罐、盆、碗、钵、尖底瓶、缸、器座、瓶、纺轮等；石器有斧、铲、锛、凿、盘状器等。

灶　清理新石器灶2个（编号Z1～Z2），均残存底部。Z1开口在第2层下，打破第3层和生土。Z1平面呈椭圆形，残存底部，直径0.86米。Z1的火门在灶的西南部，方向220°，灶膛分为东西两个灶膛，为半圆形，火道在两个灶膛中间。长0.76、宽0.08米。灶内有少量的红烧土堆积，未发现包含物。

墓葬　共清理45座（编号M1～M45）。墓葬有土坑墓、砖室墓和瓮棺，均开口在第二层下。其中新石器土坑墓葬37座；明清土坑墓葬3座；不明土坑墓3座（无随器物）；新石器瓮棺葬1座；汉砖室墓1座。

新石器墓葬有一次葬和二次葬两种，均为长方形土坑竖穴，上部被破坏，墓葬均残存底部，骨架保存较差，葬式多为仰身直肢葬，仅发现1座仰身屈肢葬。大部分墓葬无随葬器物，部分墓葬随葬1件器物，器物多放置于头部、肩部、手部、胸部和足底部。随葬器物有多陶钵、少量陶鼎和碗。

新石器陶罐（H83：2）

新石器M1（南—北）

M1，开口第2层下，打破第5层。距地表残深0.15～0.35米。墓口平面呈椭圆形，方向30°。墓内可见三具头骨，为二次合葬墓。墓内填灰黑色土。墓口残长1、残宽0.92米。在墓的右边随葬1件红陶杯，编号M1：1。

M11，开口在第2层下，打破第5层和生土，距地表0.3厘米。墓口平面呈长方形，填土为灰褐色。方向227°，墓残长2、残宽0.58～0.6、残深0.2米。葬式为仰身直肢葬，人骨保存情况差。足底部放置1件夹砂红陶鼎。

M31，开口在第2层下，打破第5层和生土。开口距地表0.47米。墓口平面呈长方形，方向240°。墓残长1.8、残宽0.6、残深0.1米。人骨保存较差，仅见部分骨架，葬式为侧身屈肢。陶钵1件盖在盆骨上。

新石器瓮棺葬1座。W1开口在第2层下，打破H62和生土。距地表0.25米。墓口

新石器M11（东北—西南）

新石器M31（东北—西南）

新石器W1（南—北）

汉M42（东—西）

平面呈圆形，直壁平底，填土为黑色，土质疏松。土坑直径为0.62、残深0.3米。葬具两件，W1：1为陶罐（残存下腹部），W1：2为钵口沿。

东周与汉代文化遗存　在遗址中未发现东周地层堆积，仅在Ⅲ区西南部发现灰坑1个（编号H17）。

H17，开口第2层下，打破H13和生土。开口距地表深0.3米。坑口呈椭圆形，斜壁，锅底，残长1.8、残宽1.48、残深0.3米。坑内填土为灰黑色土，土质较硬。包含有少量陶片、石块和烧土块。器形有鬲口沿和鬲足。

汉代砖室墓1座（编号M42），在Ⅰ区东部发现。M42开口在第2层下，距地表0.25米，西部被近现代扰坑和Y1打破，M42打破第3层、G2、第4层和生土。M42由墓室和甬道两部分组成，上部已被坏，残存墓底。残存平面呈长方形，墓壁用单砖错缝平砌，墓底平铺人字形地砖。墓口残长3.8、残宽3.1、残深0.6米。墓室仅见头骨和漆棺痕迹，葬式葬具不清。残存随葬品12件。编号1为陶盆、2为陶罐、3为铁剑、4为铜簪、5～12为铜钱。

地层中出土遗物较少，部分灰坑遗物较丰富，如H42修复陶器有近10余件。新石器墓葬大部分随葬1件陶器，有的无随葬器物。

陶器主要有鼎、罐、盆、钵、缸、杯、器座、纺轮等；石器较少，主要有斧、铲、锛、凿、钺、箭镞、网坠等。

遗址上部早年被改田平整工地破坏，遗

新石器石斧（ⅢT0809②：2）

新石器石镰（ⅢT0812③：1）

新石器石铲（H13：7）

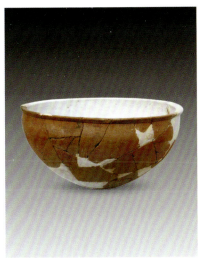

新石器陶盆（ⅢT0711④：1）

新石器陶器座（ⅢT0711④：2）

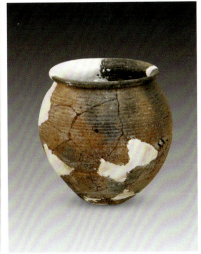

新石器陶罐（ⅢT0712②：2）

新石器陶碗（ⅢT0811③：1）

新石器陶器座（ⅢT0812②：1）

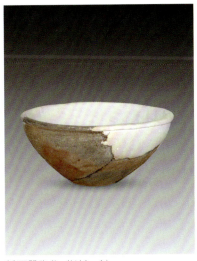

新石器陶盆（H44：1）

新石器陶平底钵 (M14：1)

新石器陶深腹罐 (M16：1)

新石器陶瓿 (M23：1)

新石器陶弧腹钵 (M32：1)

新石器陶碗 (M33：1)

新石器陶碗 (M43：2)

新石器陶盆 (ⅠT0704③：1)

新石器陶钵 (ⅠT0901⑤：1)

新石器陶瓶 (H13：21)

新石器陶钵 (M2：1)

新石器陶罐 (M7：1)

东周鬲口沿（H17：1）

东周鬲足（H17：2）

迹大部分发现在第2层下。新石器墓葬主要集中在西部，东部仅发现2座墓葬。其周围还分布较多的较规整的方形、圆形和椭圆形等灰坑，一条南北走向的壕沟（G2）从台地东部穿过。从大部分墓葬的方向和分布看，刘湾遗址应是一处典型的新石器时代小型墓地。

　　该遗址出土的新石器时代仰韶时期陶器主要有鼎、罐、钵、盆、杯、缸、器座等，反映出中原地区对汉水中游地区的影响。刘湾遗址位于长江流域和黄河流域的交汇之地的汉江中游地区，为研究汉江中游新石器时期的区域性文化、黄河流域和长江流域的文化交流提供了重要的考古实物资料。

撰稿：胡文春

工地摄影：胡文春　席奇峰

航拍摄影：余　乐

器物摄影：胡文春

郧县青龙泉遗址（2009～2010年发掘）

◎ 中国社会科学院考古研究所

遗址发掘现场全貌（北—南）

青龙泉遗址（梅子园区）位于郧县城东5公里现今杨溪铺镇财神庙村，遗址坐落在汉江的北岸、玉钱山南麓的二级阶地上，南距汉江约300米，遗址地势为北高南低的缓坡，北距209国道200米。受湖北省文物局委托，中国社会科学院考古研究所对青龙泉遗址梅子园区进行发掘，发掘面积2500平方米，分2009年春季和2010年春季两个季度完成。

梅子园区位于青龙泉遗址的西部，地势平缓，南部有一条自西向东流过的小河沟，在遗址的西部有一池塘，东部的一条冲沟将遗址分为两个区，梅子园位于西部。

在发掘过程中严格按田野考古操作规程的要求作到按每一层面的遗迹、遗物的叠压和打破关系来逐

遗址全貌（北—南）

层清理，重要的遗迹现象要全部揭露并清理。发掘过程中注意提取碳十四测年标本、浮选土样标本、动植物标本及石器、骨器加工过程中产生的废弃标本。同时我们计划进行柱状取样来获取孢粉和植硅石的测定标本。尽可能地获取更完整、丰富和详细的标本来复原当时的古气候、环境、地貌及经济形态等内容。

遗址发掘现场（北—南）

本年度发掘区位于遗址的东部偏南，其中北部地势较高，文化层堆积较丰富，时代相对也早一些，是当时人类居住的区域，该区域的地层堆积情况如下：

第1层，为丹江口库区蓄水后形成的淤土层，呈浅灰色细粉沙土，厚0.5～1.5米。

第2层，为近代层或水库形成前的耕土层，呈黄褐色粉沙土，厚0.15～0.25米。

第3层，为扰土层，为近现代人类活动所破坏的地层，呈黄色黏土，厚0.1～0.2米。

TS1W6东壁（西—东）

第4层，为文化层，灰褐色黏土，内含大量红烧土颗粒和炭粒，遗物比较丰富。厚0.2～0.35米。为青龙泉三期文化地层堆积。

第5层，文化层，黑褐色黏土，内含少量木炭屑和红烧土颗粒。出土遗物丰富，厚0.1～0.15米。为青龙泉三期文化地层

TS5W6全貌（东—西）

堆积。

第6层，文化层，黄褐色黏土，内含大量红烧土块和炭粒，出土遗物丰富。厚0.2～0.25米，为屈家岭文化堆积。

第7层，文化层，棕褐色土，内含少量红烧土颗粒和草木灰，内含遗物比较丰富，厚0.1～0.15米，为屈家岭文化堆积。

第8层，文化层，黄色黏土，含极少量红烧土颗粒，该层仅在部分探方有分布，厚0.15～0.2米，为仰韶文化堆积。

第9层，为黄褐色生土。

主要遗迹：该遗址本年度清理的各类文化遗迹主要有圆形、方形、长方形房址17座，灰坑194座，祭祀坑5座，奠基坑5座，墓葬57座（其中史前时期墓葬31座、瓮棺葬8座、战国时期墓葬14座、汉墓4座）。

出土遗物：出土遗物非常丰富，以陶器最多。陶质分夹砂和泥质，以泥质陶居多，夹砂陶次之。泥质陶可细分为泥质橙黄陶，泥质黑陶，泥质灰陶，泥质红、灰、黑皮陶等。夹砂陶可分为红陶、红褐陶、褐陶、灰陶等，最主要且有代表性的器物有平底斝、鱼鳍形足鼎、罐形鼎、弦纹盆形鼎、扁条足釜形鼎、横篮纹大口尊、素面磨光高领罐、花瓣圈足篮纹罐、敞口尖唇薄胎红顶碗、圈足盂、斜方唇碗、敞口厚胎杯、花瓣形纽器盖、镂孔粗

青龙泉三期F5（南—北）

青龙泉三期F5壁灶剖面（南—北）

青龙泉三期F5壁灶全貌（南—北）

圈足浅盘豆和大量陶纺轮等。

生产工具有石、骨、角器以及陶器等，以石器为主，多为磨制，也有部分打磨兼制。主要器形有斧、铲、锛、圭形凿、矛、刀、镞、杵、磨石等。骨角器有锥、镞、针、鹿角等。

其他遗物有猪、狗、牛等家畜的骨骸，以及鹿骨、牙齿、鱼骨等。

通过发掘我们对青龙泉遗址的内涵有了新的认识，即青龙泉三期的人们当时已经具有了高度发达的农业、家畜饲养业和渔猎等。在墓葬中发现有大量随葬猪下颌骨的现象，表明猪已被大量饲养。渔猎是当时人们经济生活的必要补充，遗址中发现的大量骨器和鱼骨等可以得到佐证。原始手工业非常发达，特别是制陶和制石。我们在遗址中发现大量打制的半成品石器和加工石器时残留的废弃石块。这些废料一般分布在房址附近，表明这些房址与石器加工场所有关。

生业形态方面，我们将发掘的354座灰坑全部进行了浮选，浮选的炭化颗粒以黍、粟和水稻为主，其中重要的是在青龙泉三期的3个灰坑中发现了小麦炭化颗粒，这是目前已发现的汉水流域年代最早的小麦遗存，对于探讨小麦的栽培历史具有重要价值。此外还发现了水稻、粟、黍的炭化颗粒，为复原当时的农业形态和生产状况提供了重要资料。

我们将出土的人骨标本进行了人类食性分析研究，在青龙泉遗址人骨样品共获得可分析的样品28个，主要是通过人骨碳十三分析和氮十五的含量分析古人类食物结构，通

F5垫土剖面（西—东）

青龙泉三期F5清理全景（南—北）

青龙泉三期F5出土陶器

青龙泉三期H120（南—北）

青龙泉三期H136（东—西）　　　　　　　青龙泉三期祭祀坑J1（北—南）

青龙泉三期陶大口尊（TS5W6H165：13）　　　　青龙泉三期陶豆（TS5W7H247：2）

青龙泉三期陶豆（TS5W7JS7：2）　　青龙泉三期陶豆（TS5W7JS7：1）　　青龙泉三期陶杯（TS5W8H233：1）

屈家岭文化F11（北—南）

屈家岭文化H170（东—西）

屈家岭文化H170（北—南）

过对人骨样品中碳十三含量分析可知，青龙泉的居民中主食C4类植物和C3类植物兼而有之。C4类植物百分比为26%～70%，平均值为46%，C4类植物应该是粟类。相应地，C3类植物的百分比为30%～74%，而C3类植物应包括稻和麦类或其他C3类植物。氮十五分析显示，平均值为

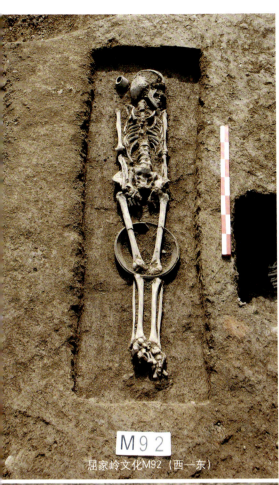

屈家岭文化陶豆座（TS5W6H170：9）　　屈家岭文化陶高柄豆（TS5W6H170：4）

屈家岭文化M92（西—东）

屈家岭文化陶豆座（TS5W6H170：3）　屈家岭文化陶钵（TS5W7H211：1）

战国M15（西—东）

9%左右，明显高于食草动物，表明所分析的样品中人们的食物中有一定的食肉量。

　　本次对青龙泉遗址的发掘，清理了一批仰韶、屈家岭时期的重要遗迹和遗物，与以往发掘的资料相补充而形成完整的发展系列，对于全面认识青龙泉遗址的文化面貌和性质提供了重要资料。

撰稿：梁中合

摄影：傅群启

郧县辽瓦店子遗址东区（2009年发掘）

◉ 湖北省文物考古研究所

　　辽瓦店子遗址位于柳陂镇辽瓦村。地处汉水南岸的台地上，背靠丘陵低山。中心地理坐标为东经110°41′89″，北纬32°47′89″，海拔高程153～172米。遗址中部有一条小河由南向北流入汉江，以其为界，将遗址分为西区和东区。2005～2007年，湖北省文物考古研究所、武汉大学考古与博物馆学系对遗址西区进行了发掘，发现了一批新石器时代晚期、二里头文化时期、商周时期、汉代堆积和文化遗存。

　　2009年，根据湖北省文物局的工作安排，湖北省文物考古研究所对遗址东区进行发掘。领队由孟华平担任，工地具体事务由刘辉负责。发掘面积共2200平方米。共清理出灰坑41个、灰沟2条、井1口、墓葬5座、冶铸遗迹1个。

　　地层堆积以ⅡT0923为例：

　　第1层，厚0.15～0.2米，为表土层，沙质土，含有大量植物根茎，少有遗物。

　　第2层，深0.15～0.6、厚0.5～0.6米，淤泥沙堆积，含有少量沙石和自然石块，分布全方。

　　第3层，深0.6～0.75、厚0.1～0.15米，扰土层，黄褐色，较纯净，板结，未见遗物，分

遗址全景（东—西）

布全方。

第4层，深0.75~0.95、厚0.2~0.25米。灰褐色，土质适中，内含有零星红烧土颗粒和草木灰烬，出土有少量陶片，多以夹砂陶为主，泥质次之，可辨器形有鬲足、豆柄和鬲口沿等，H23开口于此层下。

第5层，深0.95~1.15、厚0.25~0.35米，浅灰色，夹杂有较多的红烧土颗粒及草木灰烬，局部红烧土颗粒较为密集，但不成形状，厚薄不均，另有较多的自然小石块，出土有少量的陶片，多以夹砂为主，少有泥质陶片，可辨器形有鬲足、罐口沿、豆等。H39开口于此层下。

第6层，深1.15~1.45、厚0~0.3米。灰黄色，夹杂有炭粒及草木灰烬，另有少许动物骨骼。出土有少许陶片，多以夹砂为主，多不辨器形。该层分布于探方北部。

经过初步整理，遗址内涵分新石器时代遗存、商周遗存和唐、宋墓葬。

新石器时代遗存　灰坑1个，即H6。H6位于ⅡT2607东南角，向北延伸至东隔梁内，并向南延伸至探方外。开口第2层下。平面形状为不规则椭圆形，东西径长约1.5米，南北径长约1.25米，坑壁呈缓坡至坑底，坑底较为平坦，坑深约0.52米，未见人工加工痕迹。坑内填土为灰黑色土，略板结，夹杂有草木灰，少许红烧土颗粒。出土物较少，可辨器形有泥质红陶瓶、夹砂褐陶尖锥状鼎足等。

新石器时代遗存暂没有发现地层，在Ⅰ区晚期地层中清理出部分标本，以夹砂的仰

勘探现场

发掘场景（西—东）

发掘现场

Ⅰ T3047南壁地层

折沿的罐釜为主，多饰篮纹，另有部分尖锥状鼎足。

商周遗存 商周时期堆积为遗址的主要遗存。以部分遗迹为例说明。

H39，位于09YLⅡT0923方内东北角。开口呈第5层下，打破第6层和生土。开口呈椭圆形，直径为1.1～1.2米，深0.20～0.25米，直壁内收，底近平，未见加工痕迹。填土为黑褐色，土质松散，夹杂有草木灰烬和烧土颗粒，出土有较多陶片。以泥质陶片为主，可辨器形有罐、豆、鬲、尊等，另有鹿角出土。

H40，位于09YLⅡT1121内。开口呈第5层下，打破第6层和生土。开口形状为半圆形，南北长1.65米左右，东西宽1.4、坑深0.45米，缓坡壁，平底，未见人工加工痕迹。填土为黑褐色土，夹杂有较多草木灰烬和烧土颗粒，土质松散。出土有少量陶片，以夹砂绳纹陶为主，少见泥质陶片，多不辨器形，可辨器形有一件瘪裆鬲，尖锥状鬲足。另有少许动物骨骼，出土有石锛和石斧各一件。

J1，位于09YLⅡT2015的南部，部分延伸入2009YLⅡT2014的北隔梁。开口呈第3层下，打破生土，被H21打破。J1大体上成圆形，但边壁略有凹凸，开口明显，直径0.8、发掘深度1.5米，直壁，底部未发掘至底。填土为灰褐色砂质填土，土质细腻疏松，土中包含有少量烧土粒、炭粒。出土有陶片、瓦，陶片主要为灰陶，数量较少，多残碎，可辨器形有鬲，多绳纹，瓦为较厚的板瓦，另出有少量动物骨骼残余。

H7，位于ⅡT2207东部。开口第2层下，打破生土。开口平面形状略呈圆形，直径为2.2～2.3米，坑底较平。坑底距坑口深约0.7米，东壁为斜壁，略向内收，其余部分为直壁。坑内填土呈灰褐色，土质较为疏松，为黏土质，填土中包含有少量的黑色炭粒和烧土颗粒，坑内出土有一定量的陶片，主要为夹砂灰陶，有少量的泥质灰陶和夹砂红陶片，纹饰以绳纹为主，有少量弦纹或素面，可辨器形有罐、鬲等。

冶铸遗迹1，位于ⅡT2610西部。开口第2层下，打破生土。外圈直径2.1米，填土为灰褐色，夹少量炭屑及烧土颗粒，出土物很少，仅有为数不多的夹砂陶片。坑壁近乎直壁，坑底较平，坑壁及坑底都有烧结面，坑壁烧土面厚约0.005、坑残深0.2～0.4米。中部有由碎瓦片堆砌而成的构造，瓦片空隙处填沙，残存一半，推测原始形状为圆形，外径1米左右，内径0.9米左右，残高0.1米左右，内填淤沙及砖头、瓦块。另出土有铁器。正中有一圆形小坑，直径0.35米，直壁，斜底，由西向东倾斜，坑壁及坑底都有很厚的烧土面，厚达0.13米，残深0.12～0.18米，内填淤沙，未见出土物。西北—东南向对称分布的烟道D1、D2，从坑壁向斜下方凹进，D1、D2上部覆盖有一层细腻的红褐色土，推测系人为覆盖，而D1、D2可能是与地面相通，D1、D2壁及底部都有明显的烧土面，填灰褐色土，未见出土物。有小

商周H7（南—北）

商周H40（东—西）

商周J1（南—北）

商周卜骨（09YL东区ⅡT1022⑥：1）

隋唐陶碟（09YL东区T1204M3：2）

商周石斧（09YL东区ⅡT1915②：1）

隋唐青瓷盘口壶（09YL东区M3：1）

商周石斧（09YL东区T2011H4：1）

隋唐M3随葬器物出土

隋唐卜骨出土情况

商周冶铸遗迹1（东—西）

宋M1（西—东）

隋唐M3（东—西）

宋M1随葬器物出土情况（南—北）

新石器陶甑（09YL东区H6：1）

商周陶钵（09YL东区H41：1）

商周陶豆（09YL东区G2②：4）

商周陶豆（09YL东区H23：1）

商周陶豆（09YL东区H30：8）

商周陶鬲（09YL东区G2②：7）

商周陶鬲（09YL东区H23：3）

商周陶罐（09YL东区G2②：8）

商周陶罐（09YL东区G2②：9）

商周陶拍（09YL东区H26：1）

商周陶拍（09YL东区H3：1）

商周陶拍（09YL东区T0923④：1）

商周陶器盖（09YL东区T0923⑤：1）　　商周铜箭镞（IT2644④：1）

商周陶瓿（09YL东区H30：7）　　商周陶盂（09YL东区G2②：10）　　商周陶尊（09YL东区H39：5）

凹槽，贯通瓦片堆积和正中的小坑，宽度在0.13米左右，深0.07～0.1米，有明显的烧土面。其上除两端露出外，余上覆盖有板瓦。其填土中出土陶片零碎，可辨器形为豆盘，另出土有碎砖、板瓦和铁块。

隋唐时期文化遗存　暂未发现隋唐时期的文化层堆积，仅清理出砖室墓2座，即M3、M4。

M3，长方形砖室墓。长3.8、宽1.4、残高0.7米。墓壁采用先一层平砌再一层竖砌，直至到顶。"人"字形铺地砖。随葬器物有青瓷五系盘口壶1件、陶碟1件，另有棺钉3枚。不见人骨，仅发现几枚牙齿。

宋代文化遗存　暂未发现宋代文化层堆积，仅发现砖室墓2座，即M1、M2。

M1，长方形砖室墓。长3.6、宽1.4、残高0.45米。墓壁采用错缝平砌，"人"字形铺地砖，封门采用横砖竖砌。随葬器物有黑釉瓷盏1件。

通过本次发掘，对辽瓦店子遗址东区有如下认识：

1. 遗址内涵进一步丰富。H6的时代可能早到仰韶时期，将辽瓦店子遗址聚落遗存的上限大大提前。Ⅰ区晚期地层中分拣出部分标本，时代大约相当于石家河文化晚期。H39和H40的时代很可能早到商晚期和西周时期。

2. 东周文化层的分布范围远远超出原来的认识，往下游一直延伸到汉江大拐弯处，东西延伸超过原来的范围至少500米。结合西区的发掘看，辽瓦店子遗址可能是目前鄂西北地区发现的最大的东周时期聚落遗址，应是当时的区域聚落中心。

3. 从文化内涵看，目前发掘出土的东周时期遗存与2007年度发掘的辽瓦店子遗址（西区）东周遗存基本一致，但是文化层的堆积厚度与遗迹遗物的丰富程度却远不如西区，因此推测，在东周时期，遗址中心区域在西区，东区可能是人口繁衍后的外扩区域，属于遗址的边缘地带。

4. 在台地内侧发现数量较多的唐宋时期砖室墓，首次在辽瓦店子遗址发现了唐墓，为我们认识这个时期的文化面貌和葬俗提供了重要资料。

撰稿：张　君　刘　辉
摄影：张　君　郝勤建

郧县辽瓦店子遗址西区（2009年发掘）

◎ 武汉大学考古与博物馆学系

　　辽瓦店子遗址位于郧县柳陂镇辽瓦村。遗址地处汉江南岸的二级台地上，背靠丘陵低山，东部有一条季节性河流北入汉江，将遗址分为东、西两个部分。海拔高程153～172米，中心地理坐标为东经110°41′89″，北纬32°47′89″，现存遗址总面积约为120000平方米。

遗址发掘前（西—东）

　　为了配合南水北调中线工程的文物保护工作，2005～2007年，武汉大学、湖北省文物考古研究所连续三年对该遗址进行了三次考古发掘，累计发掘面积6600平方米。

　　2009年3月～2010年1月，根据湖北省文物局工作安排，武汉大学考古系对该遗址进行第四次考古发掘，发掘面积2632平方米。发掘地点选择在遗址西区（第I象限内）前三

发掘区远眺（东南—西北）

发掘现场全景（东南—西北）

专家组检查工地

专家组检查工地

次发掘地点的东部，和前三次发掘的区域连成一片，以便完整地揭示遗址的整体面貌。

本次发掘文化堆积平均深度约4米，获得了大量早夏时期、商、周、宋及明清时期的遗迹和遗物。其中，以周代遗存最为丰富。遗迹有灰坑268个、房址13座、窖穴4座、井9座、沟4条、墓葬7座。在系统的室内整理工作尚未展开的情况下，据初步统计，完整和可修复的小件器物有400多件，遗物的类别有陶、瓷、骨、石、铜、铁等。现按时期、择其主要的遗迹与遗物介绍如下。

早夏时期　本次发现早夏时期的遗迹有灰坑、房址、壕沟、墓葬等。

灰坑共23个，呈圆形、椭圆形、不规则形。房址1座，为圆形半地穴式房屋，直径2.9米，周围有一圈柱洞，带斜坡状门道。壕沟1条，是本次发掘较为重要的发现。壕沟宽4～6、深1～2米，沟壁较斜。向西正好与2007年发掘的部分相接，向东则与古河道相通。沟内堆积可分为上、下两层，下层及沟底出土较多早夏时期的陶片，可辨器形有鼎、釜、罐、圈足盘、杯等，这为判别沟的建造与使用年代提供了直接的证据。上层堆积土质较纯，包含物较少，同时发现有商代灰坑打破上层堆积的现象，说明到商代时，沟已经废弃。另发现1座长方形竖穴土坑墓，埋葬人骨一具，为仰身直肢，无随葬品。

商代　仅发现灰坑5个。坑口平面呈圆形或椭圆形，弧壁、平底。坑内填土中包含有较多的石块和红烧土块，出土遗物可辨有折沿袋足鬲、假腹豆等，应系商代二里冈上层

发掘结束（北—南）　　　　　　　　　　　　早夏时期壕沟（西—东）

时期。

周代　本次发掘，没有发现西周时期的地层与遗迹，但在部分东周灰坑中出土有少量西周陶片。东周遗存是本次发掘中最主要的发现，遗迹有灰坑、房址、窖穴、井、沟等。

灰坑共208个，以圆形、椭圆形和方形坑为主，另有部分不规则形。坑内遗物十分丰富。其中，H241形制与结构十分特殊，现作简要介绍如下。

H241　平面形状呈方形，坑壁直，边长2.1、深1.5米。坑底均匀分布九个圆形小坑。小坑为弧壁、圜底，直径0.5~0.7米，深0.1~0.25米。H241坑内堆积可分两层，上层土色呈黄灰色，土质较疏松，包含极少量炭粒，出土少量陶片；下层土色呈黑褐色，土质疏松，包含大量炭粒和红烧土块及少量动物骨骼，该层出土大量陶片。在东北角的一个小坑内出土大量的陶豆。鉴于坑体的特殊结构以及坑内堆积情况，推测H241当与祭祀活动相关。

房址12座。其中，方形7座，圆形5座。方形房屋均为地面式建筑，圆形房屋多为半地穴式建筑。房屋面积在10平方米左右。F8是方形地面式房屋，东西长3.8、南北宽3.2米。现存东、西、北三面墙的墙基，南部墙基被晚期堆积破坏。在东、西墙基内发现有5个柱础。

窖穴4座。有圆形、椭圆形两种。窖穴储藏室均为直壁、平底。其中以JX4容积最大，平面呈圆形，直径3、深4.2米。

水井9座。平面呈圆形，直壁，井口直径1~1.3米，由于地下水位较高，均未发掘到底。

本次发掘出土东周时期遗物最为丰富，陶器的种类繁多，有鬲、盂、罐、豆、鼎、甗、瓮、盆等。其年代从春秋早期持续到战国晚期，文化属性和临近的襄宜地区的同时期遗存基本相同，属典型的楚文化遗存。

周H241坑底清理前（南—北）

周H241坑底清理后（东—西）

周F8全景（北—南）

周F8细部（北—南）

周Jx4全景（南—北）

东周圆形房址F7（西—东）

东周圆形灰坑H98（北—南）

宋M2全景（南—北）

宋M2全景（北—南）

宋M2细部（北—南）

　　宋代　发现墓葬2座，均为砖室墓。其中，M2保存较好。M2为"凸"字形土圹砖室墓，由墓道、甬道、墓室三部分组成。墓室保存较好，平面呈北窄南宽状船形，墓壁由条砖错缝平砌而成，叠涩顶，正方形灰砖错缝铺地。墓室南北长3、北宽1.1、南宽1.4、深1.76～1.8米。墓底南端上、下层铺地砖之间设有3个龛，截面呈圆形。M2葬具已朽，仅余棺痕，当系单棺，棺内葬二具人骨。M2出土陶碗1件。

　　明清　发现灰坑32座。以圆形和椭圆形坑多见，坑内出土较多青花瓷片，纹饰可辨有云纹、缠枝花卉纹、人物山水等，器类以碗为大宗，另有壶、盘等。另有小型墓葬4座，无随

H12出土东周陶鬲（北—南）（H12：2）

东周陶鬲（H53：1）

东周陶鬲（H53：2）

东周陶鬲（H241：29）

东周陶鬲（左：G11：5　右：G11：6）

东周陶鬲（H156：4）

东周陶甗（H273：8）

东周陶盂（左：H167：6　右：H167：1）

东周陶豆（H224：1）

东周陶缶（T0725⑤：1）

葬品。

　　本次发掘，找到了早夏时期壕沟的东端，进一步完善了我们对早夏时期聚落的认识。壕沟西接山岗，东与古河道相通，不仅起到排水的作用，亦构成聚落的南部防御工事。这样，聚落南部有壕沟，东部为古河道，北部为夯土墙体，西边为山岗，形成一个封闭的系统。另外，在壕沟以南（聚落外围），没有发现早夏时期文化层及遗迹现象，说明早夏时期先民的活动主要集中在聚落内部。

　　东周时期遗迹种类丰富，器物类别繁多，进一步丰富了楚文化研究的材料。

撰稿：曹　昭

摄影：林　丹　曾　理

郧县龙门堂遗址（2009年发掘）

◉ 武汉市文物考古研究所

徐光冀先生等在龙门堂工地检查指导工作

龙门堂遗址位于郧县安阳镇龙门堂村，自2006年开始发掘。根据湖北省文物局工作安排，2009年10月至2010年1月，武汉市文物考古研究所对该遗址进行了第三次发掘，发掘面积1500平方米，累计发掘面积达5500平方米。

本次发掘中，首先是在我们认为可能是院落的西南角、东南角、西北角、东北角地带布方。另外，对院落前的门址地带也进行布方与扩方发掘。在发掘中，进入到第4层后，则打掉隔梁，留下关键柱。遗址中的房屋遗迹面积大，建筑是柱洞与篱笆式墙体的遗迹，加上多次在一地建筑，如果仅仅在一

发掘区域〔南—北〕

第3层下的房屋遗迹（东—西）

两个探方里观察，很难了解遗迹特征。打掉隔梁使相关遗迹得到较完整体现，从发掘的效果看，这一方法对认识龙门堂遗址中的遗迹现象有较好的效果。

从整体的发掘内容看，本次的发掘中，主要是围绕早前的发掘范围进行，以使早有发现的院落遗迹有更好的体现。在东北部区域发掘中，于第3层下发现了较丰富房屋遗迹，还有婴幼儿的墓葬、灰坑、灶址等；南部主要是明清墓葬。

在发掘中，所发现的内容没有超出早前的发掘内容，只不过是对院落内部上层的遗迹进行了更大范围的清理。本年度发掘中，10月以来围绕院落的布局特点与遗迹的分布特点而进行的多点式发掘，并保持了过去所发掘的遗迹，地层情况与2006年发掘相同。到目前为止，在这个范围内（院落内）的不同时期建筑遗迹十分丰富，今年内新清理出的遗迹单位共有房址10所（共55所），汉、唐、宋、明清墓葬9座（共79座），汉代婴幼儿墓葬15个（共85个）；水井2个。发现的各类遗物中，可修复的陶器45件（总计约200件），小件等共110件（总计500多件）。

对大院落围墙的寻找，是我们发掘工作的重点。第5层下的院落遗迹，其西南角、东南角已有迹象暴露（西北与东北角发掘未至），这些地带也都发现了成片较多较大的柱洞分布。这

BIT0908第3层下的汉水井J8井口（东—西）

汉婴幼儿墓葬W76（东—西）

是一个值得注意的现象。而在西南拐角地带，上层以黑灰土层的特点明显，而下层经清理皆有较大的柱洞，且分布密集，我们认为很可能就是不同角落的拐角建筑遗迹。在西南的YLBIIT0203的关键柱下，发现了方形5米×5米的黄土台地，似是院落西南角拐角建筑遗迹。而东南角是柱洞式的遗迹，同样是5米×5米，其间是用四个大的柱洞组合（柱子洞口径在0.7米左右）。我们认为找出了西南角的方形台地遗迹特点，西侧院落墙体南北向有73.5米以上（未完）保存较好，东南角有疑似拐角建筑的大柱洞遗迹，而南墙东段用柱子洞组合成墙体，属于疑似为院落墙体的遗迹。南侧西段约有一段25米土埂式墙体保存稍好，与方形台地相连接，整个南墙东西向约长85.5米。仅仅从阶段性的发现看，院落墙体遗迹的暴露，使我们增加了发现重要遗迹的信心，但是，北侧还需扩大向北去的范围，目前还没有找出墙体的拐角来，东侧与东北角也还要扩大范围与面积，才能使我们对院落的总体特征有所了解。

在西侧墙体的中前部，有东西向晚于院落的排水沟多条，切

专家对西南角方形台进行研究（东—西）

六朝M89（南—北）

明清M84（南—北）

断并损坏了院落墙体，并对院落围墙造成了缺口。南侧发现院落墙体，但东南侧的墙体遗迹的特点不明显，而是以柱洞为特征的遗迹组合。在南墙遗迹的中部，疑似有院落大门的遗迹，目前由于中部的机耕道路，还得不到完整无缺的了解；从目前的发掘看，整个院落西侧与南侧较为明显，而北侧与东侧院墙体不明，南墙体中部有院落大门的遗迹现象（因发现了较多柱洞遗迹），中心门道处的建筑遗迹特点与布局，有待于下一步工作中扩大范围与清理机耕道路后再分析、认识与研究。

在大院落内，存在较多的汉代到明清不同时期的各类遗迹，如建筑遗迹、灰坑、水井、窑、窖、婴幼儿的瓮棺墓葬以及唐、宋、明、清等各个历史时期的墓葬遗迹。特别是明清墓葬，分布相对较为密集，对我们所发现的院落内房屋遗迹的破坏性大。从院落的存在与使用来看，整体的使用期较长，遗迹也相对丰富，层层叠叠。我们通过地层、遗迹的布局、叠压关系与遗物特点来看，大致可将院落的布局分为三个大的阶段，即早、中、晚段，时间跨度从西汉晚期到六朝乃至更晚的唐宋时代，表现为一个有悠久历史的居住地点。在三个大的阶段中，房屋遗迹与遗物等现象均十分丰富，特别是婴幼儿墓葬与房屋遗迹的关系，在这里有传统习俗观念长期存在，且历久不衰的特点。院落及相关遗迹的整体布局特点，还有待于进一步的工作才能了解，也才能得到真实的数据，以利于更多的研究。

2009年龙门堂遗址的发掘中，国家文物局专家组徐光冀先生曾亲临发掘现场指导工作，并对发掘中需要注意的事项提出了具体的要求：有大院落遗迹的庄园式遗迹，还很少见，希望进一步的做好田野工作，进一步研究与认识院落建筑遗迹的特征。同时，院落的建筑特点是否有

东汉铜印章（君子有志）（BIT0705⑤：1）   宋石砚台（BIT0302③：08）

阶段性，也需要在发掘中去认识与解决。

通过第三次的发掘我们认识到，龙门堂汉代文化遗址内容丰富。对院落遗迹的认识上，我们认为可以分为不同阶段，但具体的特征如何，仍然需要进一步工作，在实际的遗迹中找出答案，才能得到相应的或者更完整的认识，得到更好的研究。

本次的发掘较前两次的发掘，一是进一步规范了发掘区域的探方，把前两次的扩方发掘规范在相应的探方里，二是新布置相应的发掘探方，从而了解整个发掘区内的新内容、新特点，同时有了新的更大的收获。收获主要是院落墙体的走向与布局、院落的层次叠压、不同的建筑风格特点、拐角处是否有角楼一类的建筑等方面在院落遗迹的西南角与东南角的发现中，得到了新的认识。对院落内的遗迹单元等的发现也有了新的进展，但由于中部的机耕道路相隔离，使发掘区的遗迹仍暴露不足，也还不能够全面体现出来。

总体上说，本次发掘，主要是围绕着早前院落墙体遗迹的发现，对院落占地范围内的遗迹进行揭露。当然，搜寻式的发掘进程，也使院落及相关遗迹有更好的再现。对于大院落墙体遗迹的揭露，正在接近它的原有的保存面貌。

撰稿：邓　辉

郧县上宝盖遗址（2009年发掘）

◉ 长沙市文物考古研究所

　　上宝盖遗址位于郧县安城镇安城沟村二组，汉江南岸的阶地上，东西长约300米，南北宽约50米，现存面积约15000平方米。遗址中心地理坐标东经110°27′23″，北纬32°50′01″，高程163～172米。2006年11月～2007年4月，宁夏文物考古研究所对该遗址进行了考古发掘工作，发掘面积2100平方米，发现东周、西汉、明清时期的灰坑、墓葬、陶窑、水井、房址、散水路面等遗迹，出土了一大批珍贵的文物资料。为了全面了解该遗址的文化内涵，受湖北省文物局委托，长沙市文物考古研究所于2009年7月15日～9月30日再次对该遗址进行考古发掘工作。此次在勘探的基础上选择在原宁夏文物考古研究所发掘点的东部进行布方发掘。

　　经过初步整理，该发掘区的堆积分为四层：

　　第1层，近现代耕土层，土质疏松，土色为灰色土，颗粒较粗，包含较多植物根茎，碎

遗址鸟瞰

石块、现代砖块及少量陶片及瓷片等。该层在发掘区的东南区域分布较薄，西北区域较厚，平均深度为0.1～0.25米。

第2层，深褐色土层，较板结，部分含少量石灰颗粒或板瓦片、青花瓷片等，主要分布在发掘区的西北侧，东侧无该地层，平均深度为0.15～0.28米，该层为明清地层。

第3层，深黄褐色土，较疏松，含少量灰陶罐残片及瓦片等，主要分布在发掘区的西北侧，东侧无该地层，平均深度为0.16～0.25米，该层为西汉地层。

第4层，灰黑色土，夹杂大量灰烬粉末，土质板结，出土遗物有东周时期的绳纹陶罐、鬲、豆、石器及兽骨等，主要分布在发掘区的东侧，平均深度为0.3～0.7米。该层为东周地层。第4层以下为浅黄色生土层，土质板结，纯净。

此次上宝盖遗址的考古发掘，共发现遗迹现象有墓葬、灰坑、坑、古井、沟、窑址及石砌墙体七大类。

1. 墓葬：共发现23座，依据葬俗及墓葬形制可分为四类，一为瓮棺葬，二为瓦棺葬，三为盆棺葬，四为土坑墓。其中前三类的时代为汉代，第四类为明清时期。

A 瓮棺葬：发现14座，M1～M7、M9、M10、M14～M16、M18、M22等均为瓮棺葬，用陶瓮作为葬具。陶瓮为泥质灰陶，形体有大、中、小三种不等，上多饰以绳纹及间隔凹弦纹。瓮上一般盖特制的帽状盖，大部分顶端残失，也有个别扣盆或扣瓦，有的陶瓮被板瓦分割成不同的区，有的所扣陶盆

工地遗迹分布

西汉2009HYSY1

汉2009HYSH20

新石器陶鼎（K1：3）　　　　新石器陶鼎（K1：2）　　　　新石器陶钵（K1：7）

新石器陶钵（K1：5）　　　　东周陶鬲（H29：3）　　　　东周陶鼎足（H5：3）

汉陶釜（W16：1）　　　　汉高领罐（H19：4）　　　　汉陶盆（H47：1）

汉陶钵（H19：1）　　　　汉瓮棺（上：W13：1　下：W13：2）　　　　汉瓮棺（上：W14：1　下：W14：2）

汉筒瓦（W17：1）

汉板瓦（W8：3）

底部有钻孔，应为专门的葬具，在烧制之前已钻孔，作为死者灵魂出入孔。陶瓮的放置方式一般为倾斜放置。瓮内大多没有人骨，仅有个别瓮内发现少量骨头。瓮内一般无随葬品，仅在M22内发现一枚"五铢"铜钱。

B 瓦棺葬：发现7座，M8、M11、M13、M17、M19、M21、M23等均为瓦棺葬，可分为板瓦葬和筒瓦葬两种形制。板瓦葬是用板瓦上下扣合，两侧用瓦片遮挡，扣合产生的空隙用来放人骨。筒瓦葬是用筒瓦扣合，两侧用瓦片遮挡，扣合产生的空隙用来放人骨。发现的完整的用作葬具的筒瓦长44厘米，横断面开口宽16厘米。瓦棺内部分发现有细小的人骨或牙齿，其中在M23内发现一具基本完整的小孩遗骨，从葬具及人骨、牙齿等推断，瓦棺应是非正常死亡的儿童葬具。

C 盆棺葬：发现1座，为M20，上下两个陶盆扣合，陶盆为泥质灰陶，上饰绳纹及间隔凹弦纹。

D 土坑墓：土坑墓发现1座，为M12，其中一部分叠压在该探方北隔梁下，另外一部分与H6存在打破关系。该墓已被严重扰乱，未出土任何遗物，初步判断为一明清时期的墓葬。

2. 灰坑：共发现52座，依据形制可分为圆形、椭圆形、圆角方形、不规则形等。灰坑的时代有东周、西汉、明代、近现代四个时期。

2009HYSH21，近现代灰坑。开口于第1层下，坑内填土土质松软，含有较多草木灰和熟石灰颗粒，被一现代的石头墙体打破。

2009HYSH31，明代灰坑。开口于第1层下，该灰坑呈圆角长方形，被一道墙打破，灰坑内填土为灰黑色，土质疏松。在灰坑的填土底部发现了青花瓷器残片、小瓷碗等。

2009HYSH12，西汉灰坑。开口于第2层下，其中有一部分延伸至T10内。坑内填土为灰黑色土，土质疏松，含有红烧土颗粒，出土有泥质灰陶罐残片、陶板瓦残片等。其烧土颗粒应为地层中的土扰乱填入灰坑所致。

2009HYSH6，东周灰坑。开口于第3层下，灰坑内填土疏松，为灰黑色。灰坑内出土了绳纹陶鬲足、绳纹板瓦等。

3．沟：共发现7条，长短不一，时代可分为东周、汉代及明清时期。沟内均无明显淤泥堆积层，用途不明。

4．窑址：2座，1座为马蹄形窑，另1座为长方形槽式窑。

Y1位于整个发掘区的东部，窑体为一马蹄形窑，开口于第1层下。平面略呈马蹄形，由操作坑、火道、火膛、窑室、烟道五部分组成，窑室四周涂抹有泥浆并用火烧烤而成。窑内填土分为四层，在填土中含有较多的烧土颗粒，另在窑底部位发现较多方形砖坯，砖坯的尺寸为16厘米×16厘米×32厘米，主要集中分布在近烟道部位，可能为窑体的拱顶坍塌所致。另出土少量豆柄、陶鬲足等，在底部发现有绳纹筒瓦5个，叠放在一起，从陶窑形制及出土筒瓦等分析，推测时代可能为西汉时期的窑址。

Y2位于发掘区的西部，为四个长方形槽连为一体的窑，四个槽呈南北向排列，其中北侧一个稍大，窑壁及窑底光滑，经火烤后显青灰色，坚硬，窑内填土分为三层，在填土中含有较多的草木灰及炭粒，在第1层发现较多明清时期的青花瓷器碎片，在2～3层发现陶盆、绳纹板瓦及绳纹筒瓦残片，推测时代也应为汉代。

5．石砌墙体：共发现6处。时代均较晚，为明清时期至近现代。墙多为大小不一的石块砌成，亦有砖石混合结构。目前发现的墙基均不长，最长的3米多，短的为1.8米，墙的宽度从0.5～0.7米不等。

6．坑：仅发现1座，位于T4内，为一椭圆形坑，推测可能为一窖藏，坑内器物保存较好，基本修复完整，器形有夹砂灰陶罐形鼎2件，夹砂灰陶罐1件，泥质红陶小口壶1件，泥质红陶钵2件，泥质红陶盆1件，泥质红陶瓶1件，石球1件，水晶块4块，其中陶瓶、石球及水晶块均置于红陶钵内。

7．古井：2座，均为圆形竖井，J1为汉代古井。填土为灰黑色杂土，在3～5米处，出土网坠、纺轮、夹砂鬲足、陶罐残片及板瓦残片等，井口略大于井底，井壁光滑，深6米。J2为东周时期古井，填土为浅黄色土，土质较纯净，在近井底处发现少量陶片，可辨器形有陶罐、灰陶板瓦、灰陶筒瓦及红陶板瓦等，未发现淤泥堆积及积水痕迹，也可能为一储藏井。

本次发掘出土器物较丰富，基本完整及修复完整器物95件（套）、残件标本63件、陶片235袋。出土遗物按照时代可分为新石器、东周、西汉、唐、宋、明清等六个时期，按质地可分为陶器、石器、水晶、釉陶器、青瓷器、青花瓷器、彩瓷器、金属器、铜钱及兽骨等。

遗物中最早的为新石器时期的K1中出土，分布在T4内，为一椭圆形坑，坑内器物保存较好，基本修复完整。器形有夹砂灰陶罐形鼎2件，夹砂灰陶罐1件，泥质红陶小口壶1件，泥质红陶钵2件，泥质红陶盆1件，泥质红陶瓶1件，石球1件，水晶块4块，其中小口瓶、石球及水晶块均置于红陶钵内。

东周时期遗物中以陶器为主，种类有豆、釜、缸、鼎、鬲、罐、拍、盆、瓮、筒瓦及板瓦等。陶质有泥质灰陶、夹砂灰陶、夹砂红陶等，制作多为手制后经轮修，纹饰有绳纹、弦纹等。夹砂器最多的为陶鬲足，在各个层位基本都有出土，分大、中、小不等，陶罐多为敞口，平沿，方唇居多。另发现部分石器，有磨制的石锛、石斧、切割器等，多为半成品。

汉代时期该区域的瓮棺及瓦棺葬较多，而且主要集中在此次发掘区的东南部，可以看出，该区域应为当时的一个墓葬集中区。瓮棺形制相类，但从形体而言，有大、中、小之别，形制一般为小口，折肩，大鼓腹，平底，下腹饰绳纹，肩部饰一周绳纹或弦纹，瓮盖为喇叭口陶盖，顶端多残失，外饰绳纹。陶网坠有大小之别，中有一孔。陶拍有两类，一类拍面为圆形，后有圆形长柄；另一类拍面为长方形，后有耳形纽，拍面为绳纹。另还发现有盆、罐及瓦当等。

唐宋时期遗物发现较少，仅发现少量青瓷碗、酱釉罐、缸等残片。

明清时期多为青花瓷，器形有碗、盘、杯等，另有少量铜钱等。

上宝盖遗址为汉江南岸一处重要的古代居民生活遗址，出土一大批重要的与生活、丧葬等相关的历史遗物，对于研究当地的历史及文化等有重要意义。该遗址时代跨度较大，从新石器时期一直延续至明清时期，地层文化堆积由南向北依次加厚，有近现代、明清、西汉、东周等地层，其中以西汉和东周地层为主。可以看出古代居民区随时代变迁有从江边向地势较高的南侧区域迁移的趋势。从该遗址出土的遗物分析，遗物相对比较单一，而且制作不精，可以初步推测出该地在历史上由于受自然环境的制约，经济相对比较落后。

撰稿：张景尧　何　佳

郧县余嘴遗址

◉ 吉林大学边疆考古研究中心

余嘴遗址位于湖北省郧县安阳镇余嘴村，受湖北省文物局委托，吉林大学边疆考古研究中心于2009年8～11月进行发掘，遗址勘探面积3000平方米，发掘面积1600平方米。

主要收获：I区发现和清理遗迹单位16处，其中墓葬13座，窑址1座，灰坑2个。II区清理旧石器时代加工点1处。

遗迹、遗物　I区发现东汉砖室墓1座（M1），出土残陶器2件，钱币14枚，残铁器3件，残铜器3件，玉石料器5件。宋代仿木结构船形砖室墓3座（M7、M9、M10），破坏严重，未见随葬品。东周"甲"字形土坑竖穴墓1座（M2），由于水位上升较快，

遗址勘探（东北—西南）

遗址发掘（西南—东北）

仅发掘墓道的全部及墓室前部的一小部分，墓道内未见随葬品。汉代土坑竖穴墓8座，其中中型墓葬和小型墓葬各4座（M3～M6、M8、M11～M13），中型墓长2.5～3、宽1.5～2米，近方形，均未扰乱，人骨完全腐烂，M8东南角有壁龛，M6、M8、M13各出土2件陶罐，M11无随葬品，小型墓长2米左右，宽1米左右，长方形，其中

遗址发掘（西—东）

M4被盗，M3墓底有炭化痕迹、无随葬品，M5出土2件陶罐，M12有生土二层台、出土1件陶罐。东周灰坑H1为圆形直壁平底筒状，底面和壁面没有工具加工痕迹，根据土质土色可将坑内堆积分为三层。出土遗物集中在第1层和第3层，以陶片最多，其次为少量石器。从陶质、陶色来看，第1层和第3层基本相同，都可分为夹粗砂和夹细砂两大类，主要有鼎、盆、钵、壶、罐的残片，纹饰主要是篮纹，还有绳纹、弦纹、附加堆纹、方格纹等。近代灰坑H2打破Y1，整体呈椭圆形，堆积仅一层，呈水平状态分布，包含有石块、红烧土块、炭粒、陶片、瓦片、青花瓷片、兽骨等。近代窑址Y1整体呈"凸"字形，东部被H2打破，无加工痕迹。窑口分布有红烧土和炭粒堆，窑内包含汉代花纹砖、

IIT3第2层旧石器时代石器堆

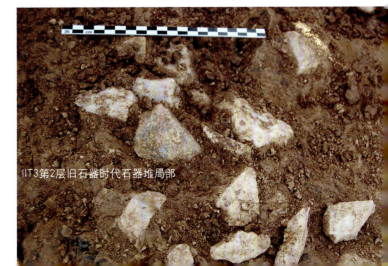

IIT3第2层旧石器时代石器堆局部

IIT3旧石器时代锤击石片

IIT3旧石器时代出土断片

青花瓷片、瓦片、陶片及兽骨。

　　II区发现石器加工点1处，呈弧形、东北—西南走向。共收集石制品数十件，原料以石英和脉石英为主，器形有刮削器、砍砸器、雕刻器、尖状器等，另有大量的石核、断块、石片、碎屑等。此外，在石制品分布带内有一些残存的动物骨骼，T1中有一块动物化石，推测为剑齿象臼齿化石，T2中有三处动物骨骼，残损都较严重。其年代属于晚更新世早期的旧石器时代中期遗存。

　　主要认识　1. H1出土陶器多为夹粗砂和细砂，这种陶质特点以及方格纹陶片、尖底器、打制石斧与巴东雷家坪遗址二、三期遗存相近，因此H1的年代可能为商周时期。从堆积来看，第3层填埋时明显经过火烧，铺垫一层纯净的黄土后，第1层填埋时又进行火烧，且坑壁人为贴了一周陶片，因此H1可能是一个野外的取火坑，分两次使用。

　　2. M1与郧县老幸福院墓地的东汉"凸"字形砖室墓形制相同，且出土的明器陶灶与老幸福院M10出土的同类器物形制相同，出土的耳珰也与老幸福院M31出土的同类器形制相同，其年代应在东汉时期。M2虽然没有完全清理，但是从形制来看与郧县老幸福院墓地的东周"甲"字形土坑竖穴墓相同，可能也属于东周时期。M5、M6、M8、M13出土的陶器与郧县老幸福院墓地东汉墓葬出土的陶器类型相同，均为带双耳的绳纹罐，但是这些墓葬均为土坑竖穴墓，与郧县老幸福院墓地的东汉墓葬形制不同，反而与郧县老幸福院墓地的东周土坑竖穴墓形制相近。而且，从M8带壁龛这一现象来看，该墓保留了东周墓葬的特点。由此可见，这几座墓葬的年代可能比东汉略早，属于西汉时期。M3、M4、M11、M12或是没有随葬品，或是随葬品难以复原，其准确年代目前难以判断，但是根据余嘴遗址土坑竖穴墓的特点来看，这些墓葬大致也应为汉代墓葬。

　　3. M7、M9、M10的形制是典型的宋代仿木结构船形砖室墓，从这种墓葬在长江中下游地区的发现情况来看，应属于北宋时期流行的墓葬。

商周IH1

商周IH1发掘清理后

东汉IM1（北—南）

东汉明器陶灶（M1：15）

东汉铜环（M1：12）

东汉琉璃耳珰（M1：4、M1：10）

东汉"五铢"钱（M1填土）

西汉IM8发掘完毕

汉IM3

汉IM13发掘完毕

4．Y1是一个规模较小的土窑，窑内堆积包含了从汉代到明清的各时期器物残片，可能是废弃后经过人为扰动混入了不同时期的各类遗物，年代难以准确断定。H2打破Y1，其年代比Y1更晚，包含物与Y1相近，它可能是一个近代的取土坑。

5．从本地区旧石器时代的文化特征来看，Ⅱ区发现的石器加工点属于晚更新世

汉IM8壁龛出土陶器

西汉陶罐（M5：1）

西汉陶罐（M5：2）

西汉陶罐（M6：1）

西汉陶罐（M6：2）

西汉陶罐（M8：1）

西汉陶罐（M8：2）

西汉陶罐（M13：1）

北宋IM7

早期的旧石器时代中期遗存，距今约10万年左右。大量碎屑在此发掘区中的发现，说明这是古人打制修理石制品的场所，而且从石器中不乏典型的刮削器等器形来看，此地点也可能是石器精加工的场所。从该加工点内还附带有动物骨骼的现象来看，当时的人们在加工石器的同时，也在这一地点处理动物尸骨或是制造和加工骨器。

撰稿：魏 东 吴 敬

摄影：魏 东

郧县中台子遗址

◉ 湖北省文物考古研究所

中台子遗址位于郧县五峰乡尚家河村三组。地处汉水北岸的台地上。与上宝盖遗址隔江相望。东距郧县城区83公里。地理坐标东经110°27′24.0″，北纬32°50′21.5″。

1994年湖北省文物考古研究所与郧县郧阳博物馆调查时发现。2004年2月，南水北调中线工程丹江口水库淹没区湖北省文物保护规划组进行了复查。

2009年7月～10月，根据湖北省文物局工作安排，湖北省文物考古研究所对中台子遗址进行了发掘。

为了解该遗址的堆积情况，首先对该遗址进行了全面勘探。勘探面积7500平方米，

遗址与环境（西北—东南）

发掘现场（东—西）

专家组检查工地

新石器F1（北—南）

探明文化层主要分布在台地的西部东西长80、南北宽30米的范围内，面积约2400平方米。文化厚度一般在0.50~1.20米。根据地层堆积情况，在台地西部布5米×5米探方40个，发掘面积约1025平方米。共揭露出38个遗迹单位，其中房址1座、窖穴1座、窑址2座，灰坑14个，灰沟1条，土坑墓2座、砖室墓4座、瓮棺13座。

根据中台子遗址发掘的情况得知，其文化内涵包含有新石器时期、周文化及唐代三个时期遗存。

中台子遗址地层堆积分5层，文化层厚一般在0.5~1.2米之间。其堆积属于坡状堆积。共分5层。

第1层，耕土层。灰黄土。厚0.1~0.25米。土质松散，包含较多草木根茎和近代瓷片、石块等。

第2层，近现代扰乱层。灰色土。厚0.15~0.3米。含石子较多，土质松软呈块状。出土少量近代砖瓦残片。

第3层，周代文化层。灰褐色黏土。厚0.15~0.3米。呈北高南低的坡状堆积，西南部最深。土质较硬，夹少量草木灰、红烧土粒及石块。出土少量泥质灰色绳纹陶片，器形有鬲口沿、鬲足、瓮、盆、豆等。

第4层，新石器时期文化层。深褐色黏土。厚0.07~0.35米。土质较硬，呈块状，夹少量红烧土粒和石块。出土遗物以夹砂褐陶为主。纹饰有蓝纹、弦纹。器形有红陶杯、盆形鼎、罐、瓮等。H6开口于此层下。

第5层，新石器时期文化层。深褐色黏土。厚0~0.25米。土质较硬，夹大量烧土块。出土少量夹砂灰色篮纹陶片。器形有鼎、缸、碗、斜腹杯及红陶杯等。F1开口于此层下。本层下为生土。

新石器时代瓮棺（瓮：W11：2　　　新石器时期瓮棺（陶缸）（W12：1）　　　新石器时期石璧形器（G1①：7）
碗：W11：1）

东周时期瓮棺（盆）（W01：1）　　　东周时期瓮棺（瓮）（W01：2）　　　东周时期瓮棺（鬲）（W03：1）

新石器时期遗存　遗迹　共22座。有房址、陶窑、灰坑、灰沟、墓葬及瓮棺等六类。

房址　1座。F1，位于遗址西南部，T0102和T0103方南部及南部扩方部分。开口于第5层下，置于生土之上。F1结构为平地起建，平面呈东西长方形，坐北朝南，方向190°。房址上部遭到破坏，没有发现红烧土面和垫土，仅见墙基槽和门道。基槽比较规整，横截面呈"凹"字形，宽0.32~0.4、深0.36~0.38米。东西长7.3~8、南北宽3.48~4.3米。建筑面积34.4平方米。房址为东西两间并列，门设在南部。东室平面近方形，内南北长3.34~3.36、东西

东周陶豆柄 （T0104③：11）

东周时期瓮棺（鬲）（W07：7）

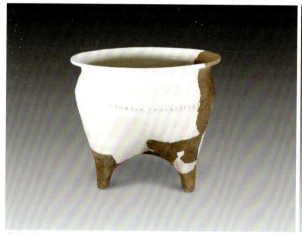

东周陶鬲（H14：2）

东周陶盆（T0105③：9）

宽3.26～3.28米，面积11平方米，门道位于东室南墙的西部，宽0.7米；西室平面近方形，内东西长3.34～3.36、南北宽3.27～3.28米，面积11.8平方米，门位于西室南墙的东部，宽0.8米。两门距隔墙较近。基槽内填褐色黏土，夹少量红烧土粒。出土少量褐色夹砂碎陶片。

窑址 2座。Y1，位于T0204东南和T0104方北隔梁下。开口于第4层下，打破第5层至生土。窑平面呈椭圆形，坐西北朝东南，方向265°。窑通长1.06、宽0.86、残深0.28米。现残存火道和火膛。火道位于窑西北部，由两条火道排列而成，南火道深0.16米，北边火道深0.1米。其东部与火膛相接处呈缓坡状。火膛平面近圆形，直径0.9、残深0.26米，底部锅底状，有一层烧土硬面与火道相连，硬面厚0.04～0.06米，火膛内残留有木炭。窑壁四周经火烧烤，呈青灰色硬面，厚约0.08米。窑内填深灰土，土质松软，夹大量烧土块和草木灰。在北火道口出土一件小陶杯。

灰坑 6座。分为圆形、椭圆形、弧形三类；H4位于T0206中部，开口于第4层下，打破第

5层。坑口平面呈圆形。坑壁呈内弧形，坑底较平坦，未发现加工痕迹。直径2.14～2.3、坑深0.9～1.04米。坑内填灰土夹黄斑点，含少量红烧土粒，土质较硬。出土遗物以夹砂灰胎黑皮为主，褐陶次之。纹饰有篮纹、弦纹。器形有缸片、红陶杯、圈足罐等。

灰沟　1条。G1，位于遗址的西北部，大致由T0306向西北延伸，经T0405、T0406、T0503、T0504、T0505至T0602方，并延伸至方外。开口于第4层下，被H5、H10、H13、H14、Y2及W13打破，平面呈不规则长条形，残长20、宽5.5～7.3、深0.5～1.2米。坑壁呈凹弧形，东南高，西北低，横截面锅底状。沟壁未见加工痕迹。沟内堆积分三层：第1层，黄褐色黏土。厚0.15～0.7米。夹较多红烧土块和少量石块，土质较硬。出土陶片较为丰富，以夹砂灰陶为主，褐陶次之。纹饰有篮纹、弦纹、附加堆纹等。器形有鼎、罐、瓮、碗、纺轮及石斧、锛等。第2层，灰褐色黏土。厚0.1～0.25米。夹大量卵石和少量红烧土粒，土质较硬，出土陶片较多，以夹砂褐陶为主，泥质褐陶次之，纹饰有篮纹、弦纹、按窝纹。器形有鼎、红顶碗、罐、盆、高领罐及石斧、锛等。第3层，灰白黏土夹绿斑。厚0.1～0.35米。夹少许红烧土粒，土质较硬，出土少量夹砂灰陶，纹饰有篮纹、网格纹等。器形有鼎足、红顶碗、钵、盆及石斧、锛等。

墓葬　2座。M1，位于T0102东北部，开口于第4层下，打破第5层和F1。M1为长方形土坑竖穴墓，方向295°。坑壁较直，平底。墓口东西长2.2、南北宽0.6～0.66米。坑内填褐色黏土，土质较硬，夹少量红烧土粒和几块蓝纹碎陶片。底长1.96、宽0.52～0.58米，坑深0.22米。墓底未发现棺椁痕迹，葬具不明，从残存人骨架看，头西足东，双手放于腹，为仰身直肢葬。坑底中部设有圆形腰坑。直径30、深12厘米。坑内竖置一陶罐。

瓮棺葬　10座。W11，位于T0504方西北角。开口于第3层下，打破第4层。坑口平面呈圆形。直径0.4、深0.3米。坑内填灰黑土。坑内竖置一陶罐，其上扣一陶碗。W12位于T0504方西南部。开口于第3层下，打破第4层。坑口半面呈圆形。直径0.46、深0.35米。坑内填深灰土。坑内竖置一陶罐，罐口扣一陶碗，瓮内出土3枚臼齿和1枚门齿，从牙齿无根和臼面未磨损的情况看，应为5岁以下少儿乳齿。

遗物　新石器时期遗物来自第4、5层和22个遗迹单位中。出土遗物以陶器为主，石器较少。陶器有鼎、甗、缸、尊、斝、罐、瓮、盆、圈足盘、碗、豆、杯及纺轮等。陶片大多是器物口、足、底等部位碎片，能复原的较少。制陶工艺较粗糙，大多数手制，口部一般经修整，细泥陶多轮制。陶器以素面为主，篮纹次之，还有少量凹弦纹、刻划纹、米字纹、按窝纹、镂孔、乳钉纹、戳印纹、方格纹。篮纹主要饰于罐、瓮等器物的腹部，按窝纹主要饰在鼎足上，米字纹均饰于缸腹部，镂孔仅见于豆柄。红顶碗口沿内外饰红陶衣，不见彩绘陶。器盖腹部刻有"×"等符号。石器主要为生产工具，少量兵器和装饰品。器形有斧、锛、铲、刀、凿、

唐代窖穴（J1）

网坠、镞、璧形器、璜、玦、环及管钻芯等。其中一件璧形器形制较为特殊，圆盘形，中部凸起，中央有一大圆孔。圆盘四周间隔式分布"V"形锯齿。

周代文化遗存 遗迹有灰坑和瓮棺等二类。

灰坑 8座。H14，位于T0504与T0505方的南部，开口于第3层下，打破第4层和G1。坑口平面呈椭圆形。东西长2.9、南北宽2.6、坑深0.74米。坑壁呈内弧，坑底较平坦，坑壁未发现加工痕迹。坑内填灰褐土，土质松软，夹红烧土粒和草木灰。出土遗物以夹砂褐陶为主。有较多的绳纹、附加堆纹等。可辨器形有鬲、罐、瓮、盆等。

瓮棺葬 3座。W1，位于T0202方的西北部。开口于第3层下，打破第4层至生土。坑口平面呈圆形。直径0.76、深0.5米。坑内填土灰褐色土夹黄斑，夹少许红烧土粒。坑壁较直，平底，坑内竖置一件大陶瓮，其上扣一件陶盆。瓮内未发现人骨架。

遗物 周文化遗物来自第3层和11个遗迹单位中。出土遗物以陶器为主，石器较少，铜器极少。陶器能复原的较少，以夹砂陶为主，泥质陶次之。制陶工艺较为粗糙，大多数为手制，器壁往往凹凸不平，口部经修整，轮制较少。纹饰以粗绳纹为主，素面次之，还有少量细绳纹、附加堆纹及凹弦纹、凸弦纹。有一件陶豆柄上阴刻"君市"陶文，少数器物刻有"×"和"A"等符号。陶器主要为生活用器，还有少量的工具。器形有鼎、鬲、甗、罐、瓮、盆、盂、豆、纺轮、支垫、网坠以及筒瓦、板瓦等。铜器极少，仅见铜削刀和带钩。石器主要为生产工具，少量兵器。器形有斧、锛、凿、戈、镞等。

唐代遗存 该时期遗迹共5个，有窖穴和砖室墓二类。

窖穴 1座。J1，位于T0504方东北部。开口于第2层下，打破第3层。坑口平面呈长方形。坑直壁，平底。坑口长58、宽46厘米。坑内填深褐色土。坑内侧用灰砖砌成，砖一面模印三组9个"X"形纹，另有一块砖上有一手掌印痕。四周用两块灰砖上下侧砌，形成"口"字形，中间用一块方砖隔开，再用两块窄砖竖立，形成"田"字形窖室，长0.43、宽0.41、深0.32米。顶部用一块长0.54、宽0.44米的石板封顶。窖内分四室，除东南室内出铜镜一件外，其余室内无遗物。

砖室墓 4座。M4，位于T0405与T0305方之间的东部。位于T0405方东南部，开口于第2层下，打破第4、5层至生土。坑口平面为长方形土坑竖穴砖室墓。坑口呈南宽北窄的梯形，方向185°。坑壁较陡，底与坑口大小相同。坑口南北长3、东西南端宽1.25、北端宽1.08、坑深0.44米。坑内填土灰褐黄色黏土，夹少量红烧土粒和砖块。墓室用长30、宽16、厚5厘米或长34、宽16、厚6厘米的灰砖砌成。砖两面有稀疏绳纹。墓底有一层"人"字形铺地砖铺至坑壁，在铺地砖上用单砖错缝平砌成墓室，墓室南端两侧超出侧墙，与坑壁之间侧立两块砖，外侧竖砖一块加以固定。墓室南端用单砖隔成前后两室。墓室南北长2.86、南端宽1、北端宽0.84、残高0.44米。前室位于南端，在隔墙顶部用四块砖平铺封顶。前室东西长0.64、南北宽0.16、高0.24米。后室即棺室，位于北部，内空南北长2.26、南端宽0.68、北端宽0.54、残高0.30米。券顶坍塌无存。由于该墓20世纪60年代平整土地被扰。墓内出土少量遗物，器形有铜勺、腰带扣、"开元通宝"及锡管状器。

遗物 本阶段遗物较少，器形有瓷碗、铜勺、铜镜、铜带扣、铜钱、锡管状配饰等。

中台子遗址地处鄂西北地区，与陕西商南和川东接壤，是南北文化交汇地带。通过对中台子遗址的发掘情况得知，该遗址现存面积较小，地层堆积与遗迹单位简单，其文化内涵包含有仰韶文化、屈家岭文化、石家河文化和周文化及唐代五个阶段，延续的时间较长，文化面貌较为复杂。

新石器时期遗存是中台子遗址的主要文化内涵。其中仰韶文化遗物极少，陶器以夹砂褐陶为主，纹饰以素面为主，还有少量绳纹、弦纹及链状附加堆纹。敛口瓮、红顶钵、红顶碗及陶瓶等器物与大寺遗址仰韶文化同类器物相似，具有中原文化特征。屈家岭文化遗物相对较丰富，陶器以夹砂褐陶为主，器表以素面为主，纹饰有少量的篮纹、弦纹、划纹。陶器以盆形鼎、红顶碗、红陶杯为特色。陶器个体较小，鼎足形态较为丰富，彩陶极少。根据陶质、陶色、纹饰及器物特征分析，中台子遗址屈家岭文化仍承袭仰韶文化面貌，与郧县青龙泉遗址屈家岭文化晚期器物特征相似，同时吸收了江汉平原屈家岭文化的器物特征。石家河文化遗物较少，陶器以灰陶为主，纹饰有横篮纹和交错篮纹。器形以瘦直腹缸、花瓣形圈足罐为特色，文化特征与青龙泉遗址第三期文化面貌基本一致。中台子遗址新石器时期文化面貌既有中原文化特征又有江汉地区文化因素，反映出汉水中上游文化与周边文化相互渗透、相互交融，发展成具有一种区域文化特征的地方文化，为研究汉水流域该时期文化的分布与发展提供了重要的实物资料。

周文化遗存较少，陶器以夹砂褐陶为主，泥质褐胎黑皮陶次之，灰陶较少。纹饰以绳纹为主，有少量的弦纹、方格纹及附加堆纹。器形较单一，基本组合为鬲、甗、盆、罐、豆等，第一阶段陶器多薄胎，纹饰以细绳纹为主。器形以鬲卷沿、束颈、折腹、裆瘪至肩部，甗深腹，罐曲颈为特点。其文化面貌与襄樊真武山西周晚期的器物特征极为相似。第二阶段陶质与第一阶段基本相同，有少量灰陶，纹饰不见细绳纹，以粗绳纹为主。器形以鬲卷沿、束颈、折腹不明显、裆微瘪，盆以卷沿、束颈为特色。本阶段文化特征与春秋时期楚文化特征相一致。第三阶段陶器仍以夹砂褐陶为主，灰陶有所增加，器壁变厚，纹饰以间断绳纹为主，还有少量弦纹、暗纹、方格纹。鬲折沿、束颈、鼓腹，盆折沿、矮颈、鼓腹、圜底内凹，豆细柄为特征，其文化面貌主要与以楚文化为中心的湖北江陵、枝江等地的遗址和墓葬特征基本相同，同时出现具有关中地区特色的小口矮足平裆鬲和具有三峡地区特点的折沿罐，说明该阶段鄂西北地区与周边的巴蜀和关中地区交往甚密。

综上所述，中台子遗址周文化面貌属于楚文化范畴，其文化因素仍承袭中原周文化风格发展而来。鄂西北地区是楚文化早期形成的重要区域，随着楚文化势力的不断增强，逐渐向南扩张形成了典型的楚文化。中台子遗址的发掘，对研究早期楚文化的发展进程有着重要的考古学价值。

中台子遗址出土的陶豆柄上的"君市"陶文，很有可能是楚国封君"官市"上的一件流通商品。我国古代的"市"在战国乃至汉代都较为普遍，由文字材料得知，古代的官市，不仅生产和经营陶器、漆器并冶炼铸造，而且其产品已进行规范化的管理和流通，楚国的官市情况目前不太清楚，这件"官市"陶文的发现，对探讨楚国官市职能有重要的学术价值。

郧县是唐代重要的流放地之一，濮恭王李泰就流放到这里。当时流动人口的增加，对该地区的政治、经济、文化都产生了重要的影响。中台子遗址唐代遗存的发现，为研究唐代流放文化具有一定的意义。

修复、拓片：黄文娟　曾桂莲

绘图、描图：杨　磊　黄春国　符德明

撰稿：黄文新　唐　宁　杨海莉　黄旭初

郧西县

郧西县

中台子遗址　滴水岩哺乳动物化石点　大
尚家河遗址　曲远河口旧石器点　黄家坪旧石器点
庹家湾遗址　熊家台墓群　弥陀寺遗址　秦家沟旧石器点
乔家院墓群　张家坪遗址　花栎湾墓群　韩家洲遗址　孙家湾遗址　鲤鱼嘴遗址
三官殿遗址　上宝盖遗址　归仙河遗址　后房旧石器点　韩家洲旧石器点　水磨沟遗址
鲍家河遗址　店子河遗址　韩家洲墓群　刘家湾遗址
小石沟遗址　前房遗址　二浪滩遗址
刘家洼遗址　大坪遗址　吴家河遗址　龚家岗墓群
沉滩河旧石器点　斜窝河遗址　白鹤观遗址
徐家湾村旧石器点　方滩遗址　辽瓦店子遗址
沉滩河遗址　2007年全国十大
高家坪遗址
焦家院墓群

郧西县地处鄂豫陕三省交界处，属于鄂西北边塞顶点，南临汉江天险，北靠秦岭山脉，西南接川陕边境的大巴山脉，东以郧县为邻，四周均为大山所围，地势西北高、东南低。全县国土面积3509平方公里。

根据南水北调工程文物保护总规划，郧西县涉及文物点3处，均为地下文物点，普通勘探面积5000平方米，发掘面积7400平方米。

郧西归仙河遗址

◎ 武汉大学考古与博物馆学系

　　归仙河遗址位于十堰市郧西县河夹镇仙河村七组及九组，东北距郧西县城约20公里。遗址地理坐标为东经110°32′25″，北纬32°49′38″，海拔高程161～172米。遗址北依低山，南临汉江，地处二级台地上。受湖北省文物局委托，武汉大学考古与博物馆学系于2009年6月下旬对归仙河遗址进行了勘探，7月中旬开始进行发掘，10月中旬结束，发掘面积800平方米。

　　归仙河遗址堆积较厚，发现的遗迹有石家河文化时期房子1座、基槽1座、灰坑2个；汉代陶棺墓1座；唐代窑址1座；明代灰沟1条、石坎1座。并发现了一大批石家河文化、汉代、唐代、明代文物。

　　石家河文化遗存　　石家河文化遗存是本发掘区的主体堆积，在各个探方均有分布，文化层较厚。石家河文化的遗迹有房子1座、基槽1座、灰坑2个。

　　F1，位于T4中部，北部伸入隔梁，开口第10层下，打破生土，开口距地表3.2米。F1北部伸入隔梁，东部可能被T4第10层侵蚀掉，故揭露不完整。从基槽走向来看平面形状为长方形，依西段基槽，方向为15°。F1保存有西段基槽及部分南段基槽，西段基槽长约3.75、宽0.2～0.25米，分布有3个柱洞，南段基槽由于略挖过，经复原有两个柱洞，基槽长度不详。

工地全景（北—南）

F1中部有一近长方形红烧土硬面，红烧土硬面上有少量灰烬。红烧土硬面厚约0.05米，平面范围长约2.5、宽约0.95~1.15米，红烧土硬面北角有一处柱洞。F1垫土厚约0.2米，为红褐色土，夹少量黑色土带，土质坚实紧密。未发现门道。少数柱洞内发现有柱础石。基槽内发现少量陶片，泥质、夹砂均有，以素面、篮纹为主，可辨器形仅红陶杯。

JC1，位于T5东北部，开口第2层下，打破第5层，开口距地表0.3~0.56米，平面形状为长条形，弧壁，锅底，依地势南低北高，长约6.5、最宽处0.55、深0.2米。三个柱洞呈南北排列，皆呈圆形或近圆形直径大者0.3米，小者约0.14米，最深者0.14米。基槽大致可分为南北两段，北段填土为红烧土块，夹杂大量炭灰；南段填土灰黑色。出土陶片较少且较细碎，以夹砂陶为主，泥质陶很少，夹砂灰陶最多，夹砂红陶其次。多为素面，纹饰有篮纹、凸弦纹等。可辨器形有钵、豆、折沿罐等。推测JC1原为房址，大部分被破坏，仅剩基槽。

H1，位于T1东北部，开口第5层下，打破第6层，开口距地表0.85米，平面形状为圆形，弧壁，底不平，直径1.4、深0.45米，填土为黑色，土质较疏松，含大量草木灰。出土陶片较多，陶质有夹砂、泥质两种，灰陶较多，另有红陶和黑皮陶。素面居多，少量饰篮纹和凸弦纹等。可辨器形有斝、鼎、红陶杯、折沿罐、盆、钵、高领罐等。生产工具有石斧、纺轮等。

探方清理（西—东）

绘制探方四壁剖面图（东—西）

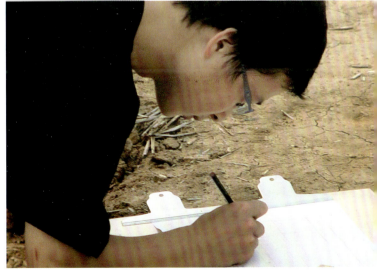

绘制遗迹图（北—南）

石家河文化H1（北—南）

石家河文化H2（西—东）

石家河文化陶缸（H2∶1）

　　H2，位于T5北部，开口第6层下，打破第7层，开口距地表0.8米，平面形状为椭圆形，弧壁，锅底，底、壁不平整。最大径1.8、最小径1.5、深0.64米，填土褐色，含有较多红烧土颗粒、草木灰。出土陶片泥质陶略多于夹砂陶，尤以泥质黑陶最多，夹砂红陶其次，素面为主，篮纹其次，可辨器形有缸、折沿罐、红陶杯、豆等。

　　汉代遗存　汉代在本遗址主要分布在T4、T5、T6等探方，遗物很少。大部分遗物出于T4探方，故推测T4探方是其分布的中心区域。发现有陶瓮一座。

　　W1，位于T4东北部，方向为105°，开口第4层下，打破第5层，开口距地表深0.68米。墓坑平面形状近圆形，弧直壁，圜底。坑壁未见明显加工痕迹，直径约0.48～0.53米，深0.55米，填土灰黑色，土质疏松，有少量炭粒，不见陶片。葬具包括陶瓮和大石

石家河文化F1（南—北）

石家河文化JC1（北—南）

汉W1（西—东）

汉陶瓮（W1：1）

块，陶瓮横放，口部朝东，方向为105°，口部由大石块挡住。陶瓮腹部近底处有一圆形小孔。陶瓮内有黄色淤土，不见骨架。

唐代遗存 唐代遗存在本遗址主要分布在T3、T5、T6、T9等探方，堆积较薄，遗物很少。其中T9探方发现陶窑1座。

Y1，位于T9西北部，开口第2层下，打破第3层。开口距地表深0.4～1米。由操作坑、窑室、火膛、烟囱四部分组成。窑室位于北部，呈不规则长方形，长1.9～2.32米，宽1.88米。

唐Y1（北—南）

明SK（西—东）

明G1（北—南）

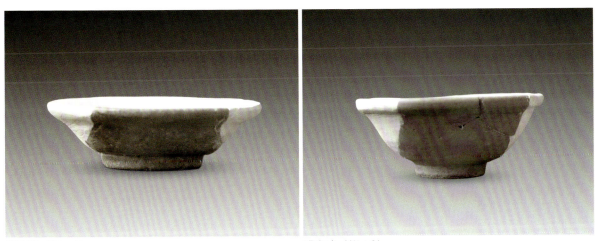

明瓷碟（SK：4）　　　　　　　　　　　　　明瓷碗（SK：2）

窑室、火膛烧结较好，有厚0.03米左右的青灰色烧结硬面。窑床左右有火道，火道宽约0.06米。窑室顶端有三个方形烟囱，中间一个较大，两侧的较小。火膛呈圆形，直径约1.9米，位于窑室的南端，火膛和操作坑相接的地方呈斜坡状，有石块挡住。操作坑被现代扰坑打破。窑室有较多红烧土块，窑室及操作坑出土较多泥质灰陶板瓦残片，平面均为梯形，外光素无纹，里布纹。

明代遗存　明代遗存主要分布在T3、T4两探方内。未发现地层堆积，遗迹和遗物亦较少。

石家河文化陶缸（T4⑧：26）

石家河文化红陶杯（T5⑦：8）

石家河文化红陶杯（T5⑦：9）

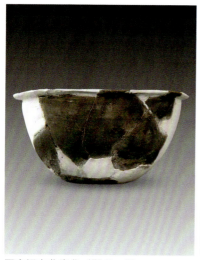

石家河文化陶盆（T5⑦：3）

石家河文化红陶杯（T4⑧：6）

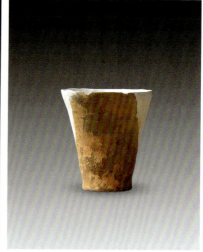

石家河文化红陶杯（T4⑧：1）

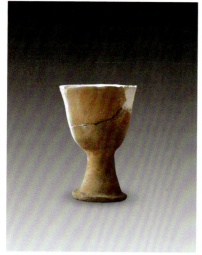

石家河文化陶高实足杯（T4⑨：5）

石家河文化陶器盖（T5⑥：7）

石家河文化陶钵（T5⑦：2）

唐瓷盆（T5③：3）

唐陶盆（T5③：1）

唐瓷盏（T5③：4）

唐瓷盏（T6③：1）

明瓷碗（采：5）

明瓷碗（采：4）

其中T3、T4两探方发现石坎1座、灰沟1条。

T3T4SK，位于探方南部，开口3b层下，打破第5、6层，开口距地表深0.3～0.5米，平面形状呈长条形，横跨T3、T4两探方，在T3西南部转向南部，入南壁和东壁，在T4探方东部入东壁。工地未扩方发掘。揭露部分长19、宽1.8～3、高0.4～1.1米。石坎的筑法是先将地面平整，随地势用石块垒砌，南侧较直，北侧斜向上垒砌。石块大小不一，大者长近50厘米，形状各异，以片状石块最多，另有长方体状石块、卵石等，石块的形状未经加工。石块缝隙处填有土、碎砖、碎瓦、瓷片等。石坎西部坍塌较严重。瓷片有青瓷和青花瓷两种，另有无釉只施化妆土的瓷器碎片，器形主要为碗，另有盏、盘等。推测石坎与建筑有关。

T3T4G1，位于探方中部，部分伸入T4探方东壁。开口3a层下，打破4、5层。开口距地表0.2~0.3米。平面形状为长条形，弧壁，锅底。长12.8、最大宽度约2.9、最大深度为0.5米。填土黑绿色，土质疏松，夹杂大量草木灰、炭块、红烧土颗粒、淤沙。出土遗物主要为瓷片。主要为青釉瓷，胎质可分两种，一种为细腻的白胎，一种为粗糙的砖红色胎，器形主要为碗。另有少量釉陶残片，根据釉陶厚度推测为缸、罐等。

本次发掘最主要的遗存为石家河文化遗存，丰富了鄂西北地区石家河文化的内涵。该遗址的石家河文化遗存和郧县青龙泉遗址的石家河文化遗存表现出极大的相似性，但文化面貌纯净，遗址中仅见石家河文化遗存一种新石器时代遗存，不见青龙泉遗址中出现的仰韶时期及龙山时期的其他文化因素。因此归仙河遗址的石家河文化遗存对于鄂西北地区石家河文化的界定有较为重要的意义。

撰稿：陈冰白　左志强　刘祥宇

摄影：左志强

张湾区

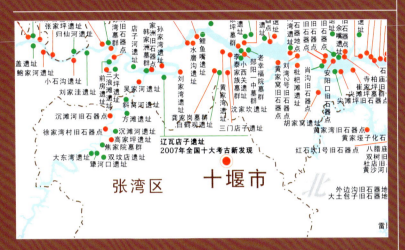

张湾区扼川渝、连豫陕，位于武当山北麓、十堰市西部，辖域占据十堰市大部分城区，全区国土面积651.56平方公里。

根据南水北调工程文物保护总规划，张湾区涉及文物点11处，其中地下文物点10处，涉及普探面积0.5万平方米，发掘面积0.74万平方米；地面文物点1处，涉及建筑面积729平方米。

张湾区双坟店遗址

◉ 厦门大学历史系

　　双坟店遗址位于十堰市张湾区黄龙镇李家湾村七组，即双坟店自然村地界内，处于汉水上游水系之一犟河两岸的河畔台地上，中心坐标东经110°34′09″，北纬32°40′04″，海拔高程165~170米。双坟店遗址于2004年2月由南水北调中线工程丹江口水库淹没区湖北省文物保护规划组调查时发现。受湖北省文物局委托，厦门大学人文学院历史系考古队于2009年6~9月对张湾区双坟店进行抢救性发掘。

　　为了全面了解双坟店遗址地下文化埋藏情况，2009年6月下旬至7月上旬，我们对遗址进行了全面的调查和钻探。调查工作沿着双坟店村范围的犟河南北两岸台地展开。在调查基础上，选择三处河岸台地，分A、B、C三个探区进行钻探。根据地面采集和钻探资料，分别将犟河北岸、南岸的两个台地，作为第I、第II两个发掘区。其中第I发掘区布5个5米×5米探方，第II发掘区布56个5米×5米探方。

　　第I发掘区的5个探方，位于近代砖瓦窑的取土区，台地上的遗址遭受严重破坏，地面采集周汉时代的陶鼎、陶片碎片等。地层堆积较为简单，除在第3层发现3座宋代砖室墓和第3层发现一座三烟道方形圆角的明清陶窑外，别无发现。

遗址2009年度发掘区位置图

II区地层剖面（东—西）

II区二级台地第4层下新石器晚期聚落遗迹全景（东—西）

II区二级台地（北—南）

第II发掘区位于犟河南岸台地，文化层保存比较完好，内涵比较丰富，可分成5层，其中第4层主要分布在发掘区西南部，犟河二级台地，可细分为4a、4b、4c三层。4a层，灰褐色粉质沙土，土质较紧密，包含有少量的红烧土颗粒及较多陶片，可辨器形有鼎、罐、盆、豆、盘、纺轮等。夹砂陶的数量略多于泥质陶，夹砂陶多为灰、红色，器形以罐、鼎足为主，泥质陶多为灰色，少量红、黑陶，器形多为豆、杯、圈足盘、纺轮等器物。素面与饰有纹饰的陶片约各占一半，纹饰以篮纹为主，有斜篮纹、竖篮纹和交错篮纹之分，其他纹饰还有附加堆纹、方格纹、凸弦纹、镂孔等。4a层包含有较多的红烧土颗粒及散碎陶片，其下又有多处建筑基址，应为建筑使用后的废弃堆积。4b，层为房屋倒塌堆积，包含丰富的红烧土，在发掘区呈局部片状分布。4c层，灰黑色粉质沙土，土质较松，包含有较多炭粒和陶片，但陶片相对于4a层数量减少，陶片内涵与4a层基本一致。为了保留4a层下遗迹，该层未清理完。第5层，土色偏黄，土质松软，仅有少量素面黑皮陶和夹砂红陶，为新石器时代晚期地层。

I区二级台地考古勘探

F4南基槽

F2　F2西墙　F4

II区F4（东北—西南）

F4北基槽

Ⅱ区F2（东北—西南）

Ⅱ区F3（东北—西南）

Ⅱ区石家河文化W5（南—北）

Ⅱ区石家河文化W6（南—北）

Ⅱ区石家河文化W15（南—北）

Ⅱ区石家河文化W15内人骨

　　根据地层关系和出土物的分析，双坟店遗址的文化内涵可以分成四期，第一期为新石器时代晚期的石家河文化，为文化最繁荣时期；第二期为周代遗存，散见于唐宋文化层中，第三期为唐宋时代文化，第四期为明清时期。

　　本次发掘的重要发现是在Ⅱ区4a层、4c层下发现6座新石器时代晚期的大型长方形排房建筑遗迹（F2~F7），其中除F4位于4c层下，其余房子均位于4a层。另外还发现了12个灰坑（H3、H5~H8、H15、H16、H18、H21~H24）、17座瓮棺葬（W1~W17）和3个灶坑（Z1~Z3）。

　　F4，东部紧邻F2，被F2的西墙打破。平面表现为南北两根相互平行的基槽，基槽东部

石家河文化陶塑（ⅡH1：5）　　　　石家河文化陶钵（ⅡTN03W05④a：6）　　　　石家河文化陶钵（ⅡTN03W06④a：3）

石家河文化陶圈足盘（ⅡTN03W06④a：12）　石家河文化陶豆（ⅡTN03W06④a：2）　石家河文化穿孔石刀（ⅡTS02W02③a：6）

石家河文化陶杯（ⅡTS03W07④b：1）　　石家河文化陶盘（ⅡTS03W07④a：12）　　石家河文化石锛（ⅡTS04W11④a：1）

石家河文化石斧（ⅡTS04W12④a：1）

石家河文化石凿（ⅡTS05W09④a：8）

石家河文化石凿（ⅡTS05W10④a：3）

石家河文化陶鬶（ⅡTS06W08④a：5）

石家河文化陶罐（ⅡTS06W08④a：6）

石家河文化石镞（ⅡTS06W09④a：8）

石家河文化石凿（ⅡTS06W09④c：2）

石家河文化石镞（ⅡTS06W09④c：3）

石家河文化陶壶形器（ⅡTS06W09④c：3）

石家河文化陶高领罐（ⅡH16：1）

石家河文化陶鬶（ⅡH16：3）

石家河文化ⅡW4（上陶盆：W4：2　下陶罐：W4：1）

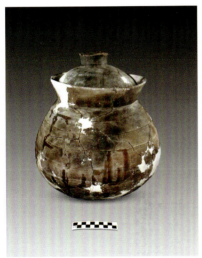

石家河文化ⅡW6（上陶豆：W6：2　下陶罐：W6：1）

石家河文化ⅡW8（上陶鼎：W8：2　下陶鼎：W8：1）

石家河文化ⅡW12（上陶盆：W12：2　下陶罐：W12：1）

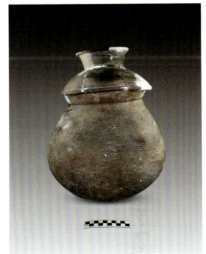

石家河文化ⅡW13（上陶豆：W13：2　下陶鼎：W13：1）

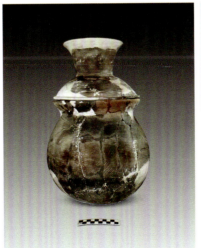

石家河文化ⅡW14（上陶豆：W14：2　下陶罐：W14：1）

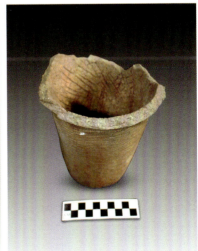

石家河文化陶澄滤器（ⅡTS02W11④a：9）

被F2打破，西部延伸至探方的发掘范围之外。北部的基槽长约3、宽约0.4米，南部基槽长约1.2、宽约0.3米，两个基槽均呈长条形。北部的基槽内有三块柱础石，但分布不规律，南部的基槽暂未发现柱础石，仅发现碎陶片与少量炭粒，但在南部基槽中部发现一小块方形的木骨泥墙，可能为F4的南墙残余。

F2，位于4a层下，打破4c层，距地表深度0.7米。F2南侧被H15、H20、G1、W2打破。F2平面呈长方形，方向为330°，残长19.5、残宽9.6米。是一座由两排基槽和柱洞环绕而成的方形地面建筑。居住面高于周围的地面，尤其是在房子的南部有一高台，土质纯净致密，土色为黄色。F2西墙和北墙应为木骨泥墙。木骨泥墙由红烧土构成，内包含少量石块和陶片，木骨泥墙里夹炭，可能是草根或柱子的炭化物。木骨泥墙残余的建筑构件为较大块的红烧土，红烧土的一面有凹槽，凹槽宽度约为0.03米，可能为柱子的直径。有的红烧土一面为平面，可能为墙面。墙面无抹灰、涂泥。

F3，开口于4a层下，打破4c层及生土，西基槽南端局部被H7打破。F3的平面呈长方形，现已清理的基槽可分为东、南、北三段，连通围绕出F3的范围。基槽剖面均为"U"形，宽度0.3～0.4、深度约0.3米，基槽底部垫有石块和少量碎陶片。东、西基槽在距南基槽约6.4米的位置内壁均向房间内部扩出0.15～0.2米的半圆形，两个半圆之间应有一道隔墙，将F3分成南北两间。

在第Ⅱ区4a层下共清理17座石家河文化时期的瓮棺。大部分瓮棺不见骨骼或只残留少量骨渣，也鲜见随葬品。如W3，位于TS06W09东南部，开口位于第4层下，打破第5层。椭圆形土坑，坑内放置一个盘口束颈深圆腹大陶瓮，陶瓮旁置一深斜腹红陶杯，陶瓮内不见骨骼。少量瓮棺内有较完整骨骼出土，如W15等。

同时，地层和灰坑中出土大量石器，打、磨兼制，通体磨光者较少，有石斧、石锛、石凿、半月形石刀、长方形穿孔石刀、手镰、石网坠、石镞等。新石器晚期的陶器、陶片属于石家河文化内涵。陶器主要有夹砂红陶、夹砂灰黑陶、泥质红陶、泥质灰黑陶等，器形有篮纹深斜腹圜底罐、缸、直颈高领黑衣罐、绳纹罐、红陶深斜腹杯、深腹鼎、高圈足豆、鬶、钵、盘等。

位于汉水上游的鄂西北地区，从新石器时代开始就已经是中国南北、东西文化交汇、融合的重要通道。青龙泉遗址内仰韶、屈家岭、石家河三叠层使人们对鄂西北新石器时代文化发展序列以及江汉地区与中原、关中史前文化的相互关系有了基本认识。而双坟店遗址的发掘和深入研究，对于进一步认识堻河、堵河等汉水上游支流水系的新石器晚期人文变迁具有重要价值。尤其是第4层下的建筑遗迹和墓葬，是研究这一区域新石器晚期社会结构和聚落形态的重要资料。

撰稿：王新天

张湾区焦家院墓群

◉ 中山大学华南文化遗产保护、研究与教学中心

  焦家院墓群位于十堰市张湾区黄龙镇黄龙滩村五组堵河东南岸的台地上，南倚青山，北临堵河，距黄龙镇约3公里。遗址中心点地理坐标为东经110°34′7.9″，北纬32°41′33.95″，海拔高程166～170米。

  焦家院墓群于2004年文物调查时发现。中山大学华南文化遗产保护、研究与教学中心受湖北省文物局委托，组织考古队对焦家院墓群进行抢救性考古发掘，发掘时间自2009年7月15日～2009年月9月15日。此次发掘共布方15个，实际发掘面积1260.8平方米。

  本次共发掘墓葬20座、明清房屋基址3座、灰坑4个、灶1个。发掘中出土完整器物（含修复）145件，其中陶器16件、瓷器22件、铜器3件、铜钱100枚、铁器2件、石器1件、骨器1件。陶器有罐、壶、钵、雕花砖等，瓷器有碗、杯、碟等，石器为砚台，骨器为饰件，铁器有锥、环，铜器有簪、耳勺，铜钱有开元通宝、乾元重宝、宋元通宝及北宋早中晚各期的年号钱等。

发掘工地全景（东北—西南）

清理墓葬M5（东南—西北）

北宋瓷碗、陶瓶（M5：1、M5：2）

北宋釉陶壶（M11：1）

北宋末南宋初M11

最主要的发现是20座宋墓，包括小型石室墓和砖室墓。石室墓9座，平面均呈梯形，墓圹长约3、墓室长约2.1～2.65米；窄端靠南倚山，墓圹宽约0.7～1.1、墓室内宽0.4～0.65米；宽端向北临河，墓圹宽约1.1～1.5米，墓室内宽0.6～1米；东西侧壁用4～5排高约10余厘米的石块累砌，墓室内高通常只有0.5米。前壁（北壁）或用石块垒砌，或用青砖叠砌；后壁或用石块垒砌，或无壁。墓底或铺以青砖，或用光滑的河卵石

绘制墓葬图

平铺，或无任何装饰。墓顶以较大的石块或石板覆盖。墓底填土中发现红色漆皮及棺钉，说明原应有棺木存在。一般出上一个陶罐或陶壶，置于墓室前部；个别墓还出土一个瓷碗；大部分墓均出土有铜钱，铜钱孔大多穿以方形铁钉。

砖室墓11座，大多数墓北部（临河一端）已毁。根据墓室结构，可将砖室墓分为两种类型，一种为平面呈梯形的砖室墓，另一种为仿木构砖室墓，后者的规模比前者大。

平面呈梯形的砖室墓有5座，皆用青砖错缝平铺叠砌墓壁，墓壁无任何装饰；墓底亦用青砖错缝平铺；墓室残长约2、宽0.4~0.8、高约0.5米。此类墓葬室内空间狭小，形制及大小与前述石室墓相似，只是砌墓材料不同。

仿木构砖室墓有6座，这种墓形制较大。墓圹长约3.8、宽约1.8、深约1.6米。墓室内长2米有余，宽1米多，高约1.2~1.6米，墓室内部空间比较大。墓室四壁用青砖砌出窗棂、大门、斗栱、灯台、桌椅等。

　　M14，仿木构砖室墓，北侧已被破坏。墓圹残长2.16、宽1.28~1.8、深1.3米。墓室呈南窄北宽的梯形，残长1.6、宽0.82~1.22、深1.42米。墓底青砖错缝平铺，在铺地砖上直接砌墓壁。后壁（南壁）砌一大门，有门墩、门楣，左、右两壁（东、西壁）分别在前部和后部各砌一柱。自墓底上数第14层之上为两层丁砖，丁砖之上开始内收成叠涩顶。M14出土釉陶壶1个，铜钱3枚，钱文为"乾元重宝"、"天禧通宝"。

北宋M14（西北—东南）

北宋釉陶壶（M14：1）

北宋铜钱（M14：2）

M20，仿木构砖室墓，除墓顶垮塌外，其余部分基本保存完整。墓圹长3.8、宽1.8、深1.3米。墓底交错平铺青砖，在铺地砖上直接砌四壁。墓室基本呈长方形，但左右壁稍向外弧，长2.3、宽1.2米。后壁和左、右壁皆用青砖错缝叠砌。后壁下部砌一大门，左、右两壁分别在前部和后部各砌一柱。东壁（左壁）两柱之间砌二椅一桌，西壁（右壁）前部砌一灯台，后部砌一直棂窗。自墓底上数第11层砖稍向外突，形成梁架，第13层砖外突较多而构成房屋楼层，再往上为四顺二丁，丁砖之上

北宋M20东壁仿木构桌椅（东南—西北）

北宋M20西壁仿木构窗棂、灯台（东南—西北）

北宋M20（西北—东南）

北宋M20南壁仿木构门（北—南）

开始内收起横券。墓室内填土中有较多石块，估计这些石块原先压在券顶之上。墓门为拱券，拱门内宽1.05、高0.75米。拱券外用二道砖墙封门。出土陶罐1个，铜钱4枚，钱文为"皇宋通宝"、"祥符通宝"。

北宋釉陶罐（M20：1）

宋M1（西北—东南）

北宋陶瓶（M3：1）

M13，仿木构砖室墓，前部、墓门及墓顶已不存。墓圹平面为长方形，残长约2.7、宽约1.6、残深约1.05米。因东西两侧壁中部略向外弧而使整个墓室平面略呈椭圆形；墓室长2.4、宽0.9~1.1米，残高1米。后壁上部砌出一斗栱，下部砌一大门。东壁中部砌二柱，柱头各砌一斗栱；两柱之间的上部砌直棂窗，下部正中置一方桌，桌两旁各设一椅。西壁中部与东壁相对应的位置亦砌二柱，柱头设斗栱。此二柱之间下方有一小门，两扇门均有雕刻图案：一为剪刀，一为熨斗。西壁后部砌一灯台，灯台座上有雕刻图案祥云二朵。M13墓圹之上有一个方形茔圈，系用青砖斜铺而成。M13出土白瓷碗1

北宋M13（西—东）

北宋青白瓷碟（M13:1）

宋M9（西北—东南）

宋白瓷碗（M19:1）

北宋末南宋初M19（西北—东南）

个，铜钱7枚。铜钱均用铁钉穿孔，钱文不明。

根据墓室结构和出土物判断，焦家院墓群以北宋中晚期墓葬为主。从M14、M20、M13所分别反映的北宋早、中、晚三期仿木构砖室墓演变来看，其结构有从简单渐趋复杂的趋势。早中期的M14仅仿木构梁、柱，叠涩顶；中期的M20仿木构梁柱、门窗、桌椅、灯台，叠涩顶；晚期的M13比M20复杂之处在于，现存三壁均有1~2个仿木构多层斗栱，且西壁还有3块浅浮雕砖，分别雕刻祥云、剪刀、熨斗。

宋釉陶壶、白瓷碗、铜钱（M4：1，M4：2，M4：3）

北宋釉陶壶（M10：1）

宋陶盂（M12：1）

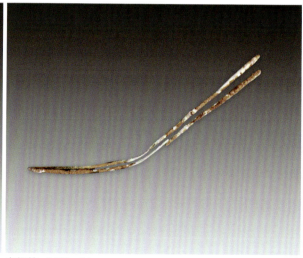

宋铜簪（M12：2）

北宋釉陶壶 (M16:1)

北宋铜钱 (M16:2)

整个墓群中的墓葬都大致为南北方向。墓向均呈倚山临河分布，临河一端比靠山一端大；与之相应，所有有骨架的墓葬，墓主头部均朝向低端，即头临河，脚踩山。在仿木构墓葬中，仿木构门与真实的墓门相对。此一埋葬习俗或许表明宋代的人们相信死者及其侍从通过墓门到达墓室之后，灵魂可以通过仿木构的门进入另一虚拟的建筑空间乃至另一个更广阔的虚拟世界。

焦家院墓群的宋墓，尤其是仿木构砖室墓为丹江地区乃至整个鄂西北地区宋墓的分期研究提供了标尺。

撰稿：郭立新　胡琰梅

摄影：郭立新　石　涛

湖北省南水北调工程文物保护工作大事记

（2009–2010年）

2009年1月6日至8日，湖北省文物局邀请湖北省文管会研究员胡美洲、湖北省文物考古研究所研究员陈振裕、武汉大学考古教研室主任陈冰白、武汉大学教授余西云组成专家组，先后对我省南水北调工程丹江口黄沙河口旧石器点、龙口林场墓群、郧县龙门堂遗址、大坪遗址、店子河遗址进行了检查和验收。

2009年3月27日，湖北省文物局召开了湖北省南水北调工程2009年度考古工作会议，安排部署本年度南水北调工程丹江口库区、引江济汉和兴隆水利枢纽工程抢救性文物保护工作。中国文化遗产研究院、中国科学院古脊椎动物与古人类研究所、中国社会科学院考古研究所、南京大学、湖南省文物考古研究所等14家省外团体领队资质单位和17家省内文博单位负责人，以及我省南水北调工程涉及市、县的文物主管部门有关负责同志参加了会议。

2009年5月20日～5月22日，湖北省文物局邀请国家文物局考古专家组成员、研究员徐光冀先生和部分省内专家到我省南水北调工程考古发掘一线，先后检查、验收了丹江口莲花池墓群、龙口林场墓群、果茶场II号旧石器点、郧县龙门堂遗址、青龙泉遗址，同时检查了南水北调工程丹江口市、郧县文物整理基地和湖北南水北调博物馆。

2009年7月14日，国务院南水北调办副主任张野、国务院南水北调办征地移民司司长袁松龄等领导，在省文物局副巡视员吴宏堂以及武当山特区领导陪同下，考察了我省南水北调工程武当山遇真宫保护现场、郧县博物馆南水北调出土文物展，并召开会议听取了我省南水北调工程文物保护工作情况汇报。

2009年9月3日至6日，湖北省文物局邀请国家博物馆研究员信立祥、陕西省考古研究院研究员焦南峰，山西省考古研究所所长、研究员宋建忠，中国遗产研究院研究员乔梁等考古专家到我省南水北调工程丹江口库区，先后对丹江口北泰山庙墓群、张湾区焦家院墓群、双坟店遗址，郧县中台子遗址、上宝盖遗址、辽瓦店子遗址、刘湾遗址、郭家院遗址，郧西县归仙河遗址进行了检查和验收。

2009年9月，湖北省文物局出版了《汉丹集萃——南水北调工程湖北库区出土文物图集》，这是继《郧县老幸福院墓地》、《湖北省南水北调工程重要考古发现Ⅰ》之后，我省推出的又一部体现我省库区文物保护工作重要成果的图书，集中展示了近几年我省丹江口库区出土的文物珍品，并以此向新中国建国60周年献礼，获得一致好评。

经国务院南水北调办、国家文物局同意，湖北省文物局于2009年11月21日在北京召开了南水北调工程丹江口库区武当山遇真宫防护方案风险评估论证会。会上，长江水利委员会长江勘测规划设计研究院汇报了武当山遇真宫工程防护方案的运行管理风险、超标准洪水淹没及汛期排涝风险；河南古代建筑保护研究所汇报了防护方案物理环境变化影响风险；清华大学文化遗产保护研究所汇报了垫高保护方案。与会专家主要围绕工程防护风险和垫高方案进行了讨论。

为切实做好南水北调引江济汉工程荆门市严仓墓群的抢救保护，湖北省文物局成立了严仓墓群考古工作领导小组，湖北省文化厅副厅长、湖北省文物局局长沈海宁为组长，湖北省文物局副巡视员吴宏堂、湖北省南水北调办副主任王芳玉、荆门市人民政府副市长柯昌军为副组长。2009年10月13日，领导小组在荆门市召开了第一次会议，湖北省文物考古研究所汇报了严仓墓群前期考古钻探和考古工作方案，领导小组就严仓墓群的考古发掘工作进行了讨论与研究，对下一步工作进行了部署。

2009年11月26日～11月29日，湖北省文物局组织省文物考古研究所研究员陈振裕，武汉大学历史学院考古教研室教授、博导余西云，湖北省博物馆副馆长、湖北省考古研究所副所长、研究员孟华平等专家，先后检查验收了南水北调工程沙洋县新城遗址、钟桥遗址、凤凰井遗址、严仓墓群，丹江口市莲花池墓群，郧县辽瓦店子遗址、中台子遗址、孙家湾遗址、龙门堂遗址、刘湾遗址等考古工地。

2009年12月21日，湖北省文化厅党组书记、厅长杜建国考察了引江济汉工程沙洋县严仓墓群考古工地。在考古队驻地，杜建国厅长带去御寒衣物等物资慰问考古人员，仔细查看了住宿环境，询问取暖、伙食情况；在严仓獾子冢及陪葬车马坑考古发掘现场，杜建国厅长仔细询问了考古工作进展和最新收获情况，强调各方通力协作、科学发掘、提高水平，确保安全。

2009年12月21日~12月24日，湖北省文物局组织湖北省文物考古研究所副所长、湖北省博物馆副馆长、研究员孟华平，荆州市博物馆馆长、研究员王明钦，荆州市博物馆研究员陈跃均等专家，先后检查了南水北调工程荆州花园村遗址、拍马村遗址、红光村遗址，郧县大坪遗址、孙家湾遗址、龙门堂遗址、刘湾遗址。

2010年1月7日至9日，湖北省文物局在荆州市召开湖北省南水北调工程2009年度考古工作汇报会。承担我省南水北调工程2009年度考古发掘项目的35家项目承担单位及协调、协作、监理单位的代表参加了会议并汇报了2009年度的工作情况，省文物局副巡视员吴宏堂、荆州市政府副市长郭跃进等领导出席并讲话。会上，来自中国文化遗产研究院、中山大学、武汉大学、省文物考古研究所等单位的专家组成专家组，评选出了郧县中台子遗址等3个优秀考古工地、李超荣等4位优秀领队、荆门市文物局等两家协调协作先进单位以及郭崇喜等5名先进个人。

2010年1月16日，经过3个多月的努力，在全面完成严仓墓群车马坑清理的基础上，考古人员揭开严仓墓群獾子冢椁盖板，正式对备受社会各界关注的严仓墓群獾子冢墓室进行考古清理。1月16日下午，省文物局与荆门市人民政府在獾子冢考古发掘现场联合召开新闻发布会，公布了严仓墓群考古工作最新进展和收获，省文物局副巡视员吴宏堂、荆门市人民政府副市长柯昌军出席。

2010年3月10日，湖北省文物局在武汉召开会议，安排部署我省2010年度南水北调工程考古工作。来自中国科学院古脊椎动物与古人类研究所、复旦大学、成都文物考古研究所等25家文博单位负责人，以及省移民局、省南水北调办、南水北调中线水源公司、南水北调工程涉及我省市、县文物主管部门有关负责同志参加了会议。省文化厅副厅长、省文物局局长沈海宁，省文物局副巡视员吴宏堂出席并讲话。

2010年3月11日至3月12日，湖北省文物局邀请省南水北调办、省文管会、省文物考古研究所的专家，对南水北调引江济汉工程沙洋县郑家山墓地、荆州拍马村遗址、红光村遗址、红光六组遗址、灵土地遗址等考古发掘项目进行检查和验收。

2010年4月20日，国家文物局局长单霁翔一行，专程深入我省丹江口库区，实地考察、调研我省南水北调工程文物保护工作，先后考察了南水北调工程出土文物展、南水北调郧县出土文物整理基地和郧阳博物馆，冒雨检查了中国社会科学院考古研究所承担的郧县青龙泉遗址考古工地，并听取了省文物局关于南水北调库区文物保护工作情况的汇报。省政府副省长张通，省政府副秘书长盛国玉，省文化厅副厅长、省文物局局长沈海宁，十堰市委书记陈天会，十堰市常务副市长涂明安，省文物局副巡视员吴宏堂等领导陪同考察。

2010年4月21日至22日，湖北省文物局邀请省文物考古研究所、武汉市文物考古研究所的专家，对我省南水北调工程丹江口龙口林场墓群、水牛洼旧石器点、龙口旧石器点、沙洋土地咀遗址进行了检查和验收，并检查了引江济汉工程严仓墓群、钟桥遗址整理情况。

责任印制　王少华
责任编辑　张征雁
　　　　　陈　峰

图书在版编目（CIP）数据

湖北省南水北调工程重要考古发现．3 ／ 湖北省文物
局主编． —— 北京 ：文物出版社，2012.12
　ISBN 978－7－5010－3587－8

Ⅰ．①湖… Ⅱ．①湖… Ⅲ．①南水北调－水利工程－
考古发现－湖北省 Ⅳ．①K872.63

中国版本图书馆CIP数据核字(2012)第243130号

湖北省南水北调工程重要考古发现 Ⅲ

湖北省文物局 主编

文物出版社出版发行

　（北京东直门内北小街2号楼 邮编：100007）

　http://www.wenwu.com

　E-mail:web@wenwu.com

制版　北京图文天地制版印刷有限公司

印刷　北京图文天地制版印刷有限公司

经销　新华书店

开本　889×1194毫米 1/16

印张　11.25

版次　2012年12月第1版

印次　2012年12月第1次印刷

书号　ISBN 978－7－5010－3587－8

定价　260.00元